Für Ivo und meine Eltern

Irina Magritz
Kindheitserinnerungen

KUNSTBLATT

INHALT

VORWORT

Nicht jede in Buchform veröffentlichte Kindheitserinnerung an Leben und Alltag in der Sowjetunion, speziell an die Jahre nach dem „Großen Vaterländischen Krieg" bis zu „Väterchen Stalins" Tod, genügt dem Anspruch der Geschichtsschreibung und löst aus sich selbst heraus nicht selten die Debatte zu einem zwiegespaltenen posttotalitären Diskurs aus: Erinnern an „böse Zeiten" in der Diktatur entspricht der Erinnerung, Erinnern an „gute Zeiten" im selben politischen System wird zur Nostalgie. Ein Diskurs, der seit dem Ende der Sowjetunion und damit des sogenannten Ostblocks, also auch der DDR, auf vielen Ebenen in mehr oder weniger aufgeladener Form geführt wird. Da ist sich die Wissenschaft nicht immer einig, kennt nicht für jede Erscheinung klar zuzuordnende Erklärungen.

Was nun, wenn Erinnerung nicht binär ist – nicht sein kann – weil eins das andere bedingt oder durchwirkt? Weil die Erinnerung verschwimmt? Macht es nicht den Reiz der Oral History aus, dass die Erinnerungen individuell gefärbt sind? Doch wie organisiert sich die Erinnerung in der Nachbetrachtung auf das eigene Leben, speziell auf die eigene Kindheit? Kindheit, ein Lebensabschnitt, der zum Zeitpunkt des Geschehens nicht analytisch abgespeichert wird, weil das nicht dem Wesen des Kindes entspricht. Deutungen und Wertungen erfolgen fast immer in der Rückschau. Aber will jede Erinnerung an die eigene Kindheit gewertet, eingeordnert und systematisiert werden? Kommt man dann vielleicht zu Erkenntnissen, die jene liebgewonnenen oder als prägend empfundenen Erinnerungen zerstören, obwohl sie in guter Absicht analysiert worden sind?

Bei Irina Magritz gab es ein auslösendes Moment, das in der Rückführung in die eigene Kindheit gipfelte: der frühe Tod des einzigen Sohnes in jenem Altersabschnitt, mit dem die Autorin ihre Kindheitserinnerungen abschließt, in jenem also, in dem das eigene Kind all das noch vor sich gehabt hätte, was die junge Irina nach dem Ende ihrer Kindheit vertrauensvoll durch „ihre Jugend" geschehen lässt.

Dieser schwerste Schicksalsschlag im Leben von Irina Magritz dient als ein Teil der Klammer um ihre Kindheitserinnerungen, deren anderen Teil zwei Veranstaltungen im damaligen Ostberlin bilden, welche die Autorin politisch werden lassen. Eine Klage über das Schicksal ihrer Familie, ja all derjenigen Menschen, die unter dem Stalinismus zu unschuldigen Opfern wurden. Die politische Geschichte der Sowjetunion wird zum Hintergrund, vor dem sich die phänomenologische Wahrnehmung der Einzelnen erheben kann, ohne dabei explizit zu politisieren. Irina Magritz beschreibt, was sie so sehr irritierte, dass sie sich erinnert an Ereignisse, eingebohrt in ihre arglose Kinderseele.

In einer einfachen, authentischen Sprache, streckenweise nur Hauptsatz an Hauptsatz gestellt, verdichtet Irina Magritz ihre Prosa zu einem kompakten, atmosphärisch dichten, dabei nicht selten ins Lyrische übergehenden Ganzen, das mit poetischen Bildern in die Szenerie führt. Lyrik erklärt nicht. Ihr Text spricht für sich selbst in dieser „Synthese von Geschichtlichkeit und lyrischer Subjektivität", als welche die Autorin ihre hier vorgelegten Erinnerungen verstanden wissen will. Lyrische Prosa, die zum Nachdenken anregen soll. Die zeitlichen Sprünge innerhalb einer geordnet wirkenden, nach Jahreszeiten sortierten Chronologie entsprechen dabei durchaus dem kindlichen Bewusstsein. Für das rückwirkende Verstehen ergänzen eingeschobene Retrospektiven, was das Kind Irina zum Zeitpunkt des Geschehens nicht wissen konnte. Kurzweilig, unverschnörkelt und dennoch stringent geschrieben.

Die Assoziationskraft von Irina Magritz´ Sprache ließ beim Lesen Bilder vor meinem inneren Auge entstehen, ohne dass ich die Orte der Handlung selbst je besucht hätte. Ob ich dabei auf bereits Gesehenes aus sowjetischen Filmen und Dokumentationen oder auf entsprechende universelle Bilder zurückgriff, kann ich nicht sagen. Auf jeden Fall sah ich, ausgelöst durch die Schilderungen, die kleine Irina in der beschriebenen Szenerie ganz deutlich, aber auch die Szenerie selbst lag klar vor mir, eingebettet in den historischen Kontext.

Mit dem zeitlich größten Sprung in die jüngere Vergangenheit schließt Irina Magritz literarisch ihren schmerzlichen Erinnerungsprozess ab. Eine konkrete politische Auseinandersetzung mit den Vorgängen in der DDR, ihrer Wahlheimat, ist mit diesem Buch nicht vonnöten. Aber um von der „großen" Geschichte eingeholt zu werden, genügt es manchmal, sich den Assoziationen einzelner Momente der eigenen Geschichte hinzugeben, und seien es zwei um wenige Monate zeitversetzte Ereignisse – eine Matinee und eine kritische Lesung vormals verbotener Literatur – in derselben Stadt in politisch bereits unterschiedlichen Zeiten. Somit ist die zaghaft angedeutete Rückschau auf DDR-Geschichte lediglich der äußere Anlass zum Vergleich mit einem vielfach größeren menschlichen Schicksal: Opfer sein im Namen der „schönen Utopie". Alles läuft bei Irina Magritz auf eine Trauer um die Millionen an menschlichen Opfern hinaus, nicht nur um jene des stalinistischen Terrors, auch um den Untergang eines Glaubens an den Kommunismus. „Aber wer spricht noch dieses Wort aus? Alle reden nur über Sozialismus. Wer schreibt noch über das armselige, aufopferungsvolle Leben unserer Eltern? Ich höre bis jetzt nur noch Schweigen", resümiert Irina Magritz bei unserem ersten Verlagstermin.

Das Bild vom „Eimer überm Kopf“, frei nach Heimito von Doderer, fasst alles in treffender Weise zusammen, bringt es, verbunden mit dem Wissen um die Katastrophen des 20. Jahrhunderts, auf den Punkt. Irina Magritz fasst es für sich so zusammen: „Was den Inhalt meines Eimers betrifft: Ich habe alles psychoanalytisch aufgebaut. Es geht mir hier um die Bildung der Individualität eines kleinen Menschen. Den Verlust meiner Identität habe ich geheilt nach der Methode von George Herbert Mead durch Erinnerung an mich selbst.“

Alexander Atanassow,
Verleger

НЕ БОЛТАЙ! – Kein Geschwätz!

Sei auf der Hut –
in diesen Tagen
haben selbst Wände Ohren,
nicht weit ist's von Geschwätz
und Klatsch und Tratsch
bis zum Verrat.

Übersetzung des Gedichts von
Samuil Jakowlewitsch Marschak (1887 – 1964)
auf dem Plakat **НЕ БОЛТАЙ!** (Kein Geschwätz!)

НЕ БОЛТАЙ! (Kein Geschwätz!)
Nina Nikolajewna Watolina (1915–2002)
Plakat, Gouache, 1941

Eimer überm Kopf

Mit 38 Jahren stand ich vor einem Abgrund. Ivo, mein einziges Kind, ertrank im Brieselanger Nymphensee bei Berlin in Sommer 1981. 13 Jahre ist er geworden. Mit ihm hatte es meine Identität und meine Zukunft in die Tiefe gerissen. Es gab nur eine Rettung, meinen Weg zurückzugehen, um mich wiederzufinden. Ich rüttelte an der Tür zu meiner Kindheit, sie gab nach und öffnete sich. Es war dunkel, dann wieder hell. Ich sah den Weg, und ich sah mich diesen Weg gehen. Ich ging mir nach. Schwierig und lang war dieser Weg. Ich sah dich, meine Seele, in mir aufwachen und in mir wachsen. Nicht in meinen Träumen und bei Nacht, sondern in meinen kindlichen Tagträumen grüßtest du mich, mal lachend, mal weinend.

Heimito von Doderer schrieb: „Jeder bekommt seine Kindheit über den Kopf gestülpt wie einen Eimer. Später erst zeigt sich, was darin war. Aber ein ganzes Leben lang rinnt das an uns herunter, da mag einer die Kleider oder auch Kostüme wechseln, wie er will."

Die ersten Funken der Erinnerung leuchten vor dunklem Himmel auf.

Ich sitze auf dem Fußboden. Über mir ein kleines Fenster. Von dort fällt ein Sonnenstrahl auf mich. In ihm tanzt Staub. Ich versuche, den Sonnenstrahl mit den Händen zu fassen. Meine

Hände bleiben leer. Der Sonnenstrahl mit dem tanzenden Staub bleibt. Und das Bild erlischt.

Noch ein Bild: Ich höre einen Schrei: „Papa ist von der Front zurück!" Ich stehe im Hof vor einem großen Lastwagen. Jemand hebt mich hoch zu einem Soldaten, der sich zu mir beugt. Er nimmt mich in seine Arme und drückt mich an die Brust. Papa. Dann ist alles wieder dunkel.

Mit den Bildern kommen die Erinnerungen wieder. Etwas setzt sich zusammen. Ab dem Alter von etwa dreieinhalb Jahren wird es klarer. Jetzt bin ich in meiner Kindheit.

Kleinkinder in Akkerman

Wir wohnten in Belgorod-Dnestrowski. Diesen Namen bekam das mittelalterliche Städtchen, als es 1944 wieder der Sowjetunion angegliedert worden war, nachdem es vorher zu Rumänien gehört hatte. Die Menschen aber nannten es Akkerman, wie es seit 1503 hieß. Akkerman, das ist zuerst eine riesige Festung an der Dnestr-Lagune Liman am nordwestlichen Ufer des Schwarzen Meeres, gleich um die Ecke von unserem Haus. Akkerman, das waren damals für mich kleine Häuser und Erdhütten, Kriegsruinen, ein Basar und eine alte Friedhofskirche.

1946 konnte Mama sich nicht richtig um uns kümmern, weil sie ein Baby bekam. Das war mein Schwesterchen Lena, das wir alle gleich Keschka nannten. Es kam zu früh zur Welt, war glatzköpfig und in Mamas Bauch noch nicht fertig ausgewachsen, sodass Mama in der ersten Zeit immer bei ihm sein musste. Und wir mussten unsere Tage allein verbringen.

Jetzt war die zehnjährige Ljalja unsere Aufpasserin. Das ärgerte sie, deshalb kniff sie uns oft und zog uns an den Zöpfen. Aber Ljalja wusste viel, auch über den Sultan, der lange in der Festung gelebt hatte, und über dessen Frau, Prinzessin Tamara, die er lebendig in dem hohen runden Turm hatte einmauern lassen. Das war die Strafe dafür, dass Tamara nicht ihn, sondern einen anderen Mann geliebt hatte.

Einmal zeigte uns Ljalja am Strand die Richtung, in der ihrer Meinung nach jenseits des Meeres die Türkei lag. Sie erzählte uns, dass der Sultan unter Wasser von der Zitadelle bis zur Türkei Geheimgänge hatte bauen lassen. So konnte er mit seinem Harem vor Maseppa in das Osmanenreich flüchten. Maseppa, das war ein ukrainischer Hetman, der die Festung vom bösen Sultan befreit hatte. Das hat uns Mama erzählt. Mama trat vor dem Krieg als Sängerin auf und kannte viele Opernlibretti. In der Oper von Tschaikowski liebte Maseppa eine wunderschöne Frau namens Maria, die dreißig Jahre jünger war als er. Marias Eltern hatten ihr diese Liebe verboten, deswegen ist sie verrückt geworden. In der Oper. Als ich das

Festung von Belgorod-Dnestrowski/Akkerman (in der Antike Tyras), XIII. bis X
Jahrhundert. Sie wurde 1484 von Sultan Bayezid II. erobert. Das osmanisc

ɛich herrschte hier mehr als 300 Jahre. Heute ist die Festung Weltkulturerbe.
kkerman/Belgorod-Dnestrowski liegt im Südwesten der Ukraine.

hörte, wollte ich auch gleich einen alten Mann mit grauen Haaren heiraten. Sobald ich groß sein würde. Und auch nur, wenn er so klug und so mutig wie Maseppa sein würde.

Dies war das Städtchen, in dem wir nach dem Krieg gestrandet sind. Ohne zu wissen, dass Belgorod-Dnestrowski mit seiner 2.500-jährigen Geschichte neben Rom und Athen zu den ältesten Städten der Welt zählt. Dort lebten wir fünf Jahre.

An jedem Sommertag liefen wir barfuß, bekleidet nur mit Schlüpfern, an den Maulbeerbäumen entlang zum Liman hinab, um zu baden. Meine Schwestern Ljalja, Nata, auch Keschka, sobald sie laufen konnte, und ich. Wir blieben immer unter den Maulbeerbäumen stehen. Ljalja setzte Keschka auf einen Ast und hielt sie fest. Die Kleine war mit eineinhalb Jahren klug genug, rote Beeren von den Zweigen zu pflücken und sich in den Mund zu schieben. Nata war kaum zwei Jahre älter als ich, wir konnten noch nicht auf Bäume klettern. Wir sammelten die herabgefallenen Beeren, die reichlich am Boden lagen. Die Früchte waren sehr staubig, man musste sie zuerst bespucken, dann an den Schlüpfern abreiben, sonst hätten wir Erde im Mund gehabt, und das schmeckte nicht. Die weißen Maulbeerbäume mit ihren honigsüßen, großen duftenden Früchten waren selten: Sie hatten wir zuerst abgegessen. Die roten Beeren waren nicht ganz so köstlich. Sie schmierten uns Hände und Mund blutrot, und unsere Schlüpfer waren voller roter Flecken. Wenn Ljalja die Kleine vom Baum herunternahm, sah sie deshalb immer wie blutüberströmt aus.

An einer Erdhütte vorbei marschierten wir weiter zum Strand, um Keschka zu waschen. Eines Tages stand am Eingang dieser Hütte eine alte ukrainische Bäuerin. Sie schlug die Hände über ihrem Kopf zusammen und schrie: „Karaul, der Balg ist kaputtgegangen!" „Karaul" heißt Unglück. „Was für ein Karaul!" Das hat Ljalja beeindruckt, so sehr, dass wir Keschka am nächsten Tag wieder vor die Erdhütte gestellt haben. Dieses Mal hatten wir ihr sogar die Glatze mit roten Beeren eingerieben! Doch die Frau kam nicht mehr aus ihrer Hütte heraus.

Am Strand angekommen, begann Nata sofort, kleine Frösche zu fangen. Sie waren grün und hatten einen gelben Bauch mit schwarzen Punkten. Nata spielte Ärztin: Mit scharfen Kieselsteinen oder Muscheln schnitt sie den Fröschen den Bauch auf und operierte. Ich lief fort, ich konnte dabei nicht zuschauen. Die Frösche hatten doch Menschenhände mit kleinen Fingern.

An den Hängen des Festungswalls wuchsen hohe Mariendisteln mit lilafarbenen runden Blüten. Die grünen Blätter der Distel hatten große Stacheln, aber die Blüten waren seidenweich. Oft saßen dort Hummeln oder Schmetterlinge, und was für Schmetterlinge!

Kleine saphirblaue und riesig große samtschwarze, mit orangeroten Pfauenaugen auf ihren Flügeln. Zwischen den Steinen flitzten grüne Eidechsen herum. Die mochte ich. Sie hatten ebenfalls Menschenhände, so wie die Frösche. Für mich waren sie alle Prinzessinnen aus einem Märchen – leider zu schnell, sodass ich sie immer nur vorbeihuschen sah, und nie habe ich auf ihren Köpfen goldene Krönchen entdecken können.

Die liebsten dieser Wesen waren mir die Libellen. Sie streiften das Wasser, blieben im Flug stehen und zitterten dabei mit ihren durchsichtigen Engelsflügeln. Ich war davon überzeugt, es waren verzauberte Nymphen.

Als Mama noch einen dicken Bauch hatte, in dem Keschka strampelte, war ich die Kleinste und hatte immer Ohrenschmerzen. Ich lag ganz oben in Mamas Bett auf einem kalten weißen, harten Laken, das mir so unendlich wie eine Schneewüste vorkam, und ich winselte vor mich hin. Dann legte sich mein Papa neben mich, wie ein großer schwarzer Fels, der mich schützte. Seine Stimme klang samtweich (Bariton, sagte Mama), und leise erzählte er mir, dass es dort, wo er als kleines Kind gelebt hatte, große dunkle Wälder mit vielen Seen gab. An dem Tag, der nach Iwan Kupala benannt ist und der auf die Sommersonnenwende fällt, gingen junge Männer in den Wald, um nach Farnkraut zu suchen. Farn trägt keine Blüten. Doch wenn in dieser einen festlichen Nacht der Vollmond schien, konnte solch eine Pflanze plötzlich aufblühen. Die Blüten leuchteten wie himmlische Sterne. Man durfte sie nicht lange ansehen, sondern musste sogleich unter der Pflanze graben, denn die Blüten verrieten, dass unter ihnen ein Schatz vergraben sei.

Papa hatte als Kind in einer ukrainischen Siedlung in Sibirien gelebt. Dorthin waren seine Vorfahren vom Zaren verbannt worden. Meine Schwestern und ich hatten weder Omas noch Opas. Sie waren alle schon lange tot. Wir hatten aber Mama und Papa! Leider war Papa nur selten zu Hause. Als Diplomingenieur für Landwirtschaft war er ständig auf Dienstreisen, um Bewässerungskanäle für trockene Felder anzulegen.

Papa erzählte, dass, wenn ein Jüngling bei Vollmond Farnkrautblüten suchte und zufällig an einen See kam, es vorkommen konnte, dass die Nymphen aus dem Wasser stiegen. Alle trugen sie durchsichtige Gewänder, zart wie Libellenflügel. Sie schritten um den See herum und tanzten. Erblickten sie einen Jüngling, dann fingen sie ihn und kitzelten ihn so lange, bis er vor Lachen starb.

Dort, wo Papa aufgewachsen war, habe es einen solchen See gegeben, sagte er. Papa sei damals aber noch zu klein gewesen und habe nachts nicht in den Wald gedurft. Doch in seinem Dorf sollen ein paar junge Männer gelebt haben, die tatsächlich durch das Kitzeln von Nymphen gestorben seien.

Ich war etwa vier Jahre alt, als er mir das erzählte. Noch lange danach dachte ich, dass die Nymphen für ihre bösen Taten in Libellen verwandelt worden waren. Sie wollten zurück ins Wasser, doch der Zauber erlaubte es ihnen nicht. Da wurden sie wieder lieb. Sie stachen nicht wie die Wespen. Sie taten niemandem etwas zuleide. Sie waren einfach nur schön, eben weil sie Nymphen waren.

Im Sommer nach Keschkas Geburt führte uns unsere Aufpasserin, Ljalja, manchmal auch auf den Friedhof. Viele Gräber waren von Granatfeuer aufgeworfen, andere im Laufe der Jahrhunderte eingefallen. Überall lagen Reste von zerschlagenen Marmorplatten. Das war sehr geheimnisvoll. Auf einigen Grabmälern waren Schriftzeichen zu sehen. Ljalja konnte sie nicht lesen, dabei ging sie schon drei Jahre zur Schule. Wir hockten uns vorsichtig an die Ränder der eingefallenen Gräber, um nicht hineinzurutschen. Waren die Löcher groß genug, dass man mit dem Arm hineinkommen konnte, dann angelte Ljalja große, weiße Knochen heraus, einmal sogar einen Totenschädel! Dazu erzählte sie uns Gruselgeschichten, damit wir uns richtig fürchteten. Mir wurde immer schlecht. Nicht von ihren Geschichten, sondern von dem Geruch.

Es war ein süßlicher, unverwechselbarer Geruch, der meine Kindheit in Bessarabien begleitete. Dieser Geruch umhüllte den Friedhof, beherrschte aber auch die Straße, sobald wir Chopins Trauermarsch von weitem hörten. Wir rannten sofort dorthin. Musik! Zuerst kam die Blaskapelle. Ihr folgte ein offener Sarg, getragen von Männern, in dem der Tote mit gelbem Gesicht lag. Sein Haar wurde wie bei einem lebenden Menschen vom Wind bewegt. Dem Zug schlossen sich weinende Menschen an und zum Schluss wir, eine barfüßige Kinderschar. Das kam im Sommer immer wieder vor.

Deswegen erkannte ich diesen Geruch auf dem Friedhof, wenn wir mit Ljalja dort herumstromerten. Einmal, als sie mit ihren Gruselgeschichten fertig war, zog sie uns in die Friedhofskirche. Sie sagte: „Wir müssen uns jetzt vom Bösen reinigen." Am Eingang der kleinen weißen Kirche mit ihrem grünen Zwiebeltürmchen saßen auf der Erde mehrere uralte Frauen. Alle waren schwarz gekleidet und warteten auf Almosen. An den Türen der Kirche waren links und rechts große Heiligenbilder angebracht. Sie waren fast schwarz von den Jahrhunderten. Die Heiligen schauten mich mit ihren Lemurenaugen böse an. Von beiden Seiten! Unmöglich, ihren Blicken zu entkommen. Ich machte mich steif und schrie. Der Schrei war viel größer als ich. Und so laut! Und er wollte nicht aufhören. Zwei Omas mühten sich ächzend von der Erde auf und griffen nach meinen Fingern, die sich am Türrahmen festklammerten. Sie zerrten mich vom Eingang weg. Enttäuscht musste Ljalja mich nach Hause bringen. Und Nata? Die lachte mich noch aus. Nur weil ich so viel Angst hatte. Das tat sie immer. Wenn ich weinte.

Wenn wir Hunger bekamen, nahm Ljalja einen Aluminiumkrug für die Milch in die Hand und unsere schwarze Wachstuchtasche. Dann gingen wir zum Basar. Dort standen die Bauern in Reihen und priesen ihre Waren an. Am Geflügelstand wurde in diesem Sommer fast nur Hühnerklein angeboten. Wer konnte es sich leisten, ein ganzes Huhn zu kaufen? Die staatlichen Auflagen für Bauern waren damals sehr hoch. Sie mussten so viel Fleisch abgeben, dass es in manchen Dörfern nicht einmal mehr Kühe gab. Und die Milch für ihre Kinder mussten die Mütter in anderen Dörfern holen – wenn es dort welche gab. Hunger und Armut herrschten in Stadt und Land. Ljalja ging mit uns an den Ständen mit dem Gemüse schnell vorbei. Dort lagen Kartoffelhäufchen zu je sechs Stück, frisch gepflückter Sauerampfer, kleine Bunde Möhren. Die Kirschen wurden zu zehn Stück an den Stielen zu kleinen Sträußen gebunden. Dort gab es keine Kostprobe. Deswegen steuerte Ljalja zu den Milchprodukten. Hier durfte man probieren. Ljalja sagte zu den Frauen, sie sollte nur das

Beste nach Hause bringen. Besonders die Butter. Die Bäuerin nahm ein Messer in die Hand, schnitt ein Häppchen von der Butterwalze ab, das sofort in Ljaljas Mund verschwand. Sie lutschte, blickte zum Himmel, als schmeckte sie ganz genau. Die Bäuerin wartete. Dann schüttelte Ljalja den Kopf: „Nein. Die ist ja schon ranzig." Und ging. Zur Sahne, einige Stände weiter. Der Bäuerin hielt Ljalja ihre Faust entgegen. Die Alte tröpfelte etwas von der Sahne auf den Handrücken meiner großen Schwester, die es mit der Zunge ableckte. Wieder blickte Ljalja zum Himmel. Und erklärte dann, die Sahne sei zu sauer. Doch alles roch so wunderbar! Nata und ich staunten, wie sie sich durch den Markt schlemmte. Wir waren stille neidische Beobachter. Wir waren beide zu klein, niemand würde uns glauben, dass Mama uns einkaufen geschickt habe.

Wie ich erfuhr, dass ich ein guter Mensch bin

Oft fragte mich Mutter, wo ich wohne. „Stara Basarnaja 31", schoss es aus mir heraus. Das war für Mama wichtig für den Fall, dass ich doch einmal verloren ging. Stara Basarnaja 31: ein großer trostloser Hof, der von kleinen, niedrigen Häusern umrahmt war. Die Häuser klebten aneinander und bildeten ein Viereck. Es gab weder Kanalisation noch fließendes Wasser. Jeden Tag zogen die Bewohner mit Eimern zu einer öffentlichen Pumpe, die weit entfernt von unserer Wohnung auf der Straße war. In unseren Häusern lebten vorwiegend Kriegsüberlebende aus verschiedenen Gegenden der Ukraine, deren Wohnorte zerstört und verbrannt worden waren.

In den Jahren 1945 bis 1950 bildete die männliche Bevölkerung von Akkerman fast nur das Militär. Während die Soldaten kaserniert waren, lebten die Offiziere mit ihren Familien in Privatquartieren. Einen Mann in Zivil wie Papa traf man selten.

Neben unserem Haus standen die Ruinen eines ausgebombten Rundfunkgebäudes. Die Keller waren heil geblieben und zu einem sehr streng bewachten Munitionslager umgewandelt worden. Die Treppe, die dort hinunterführte, lag genau gegenüber unserer Terrasse zum Hof. Immer stand dort ein Soldat mit geschultertem Gewehr. Er war vor einer hölzernen Tür postiert, auf die mit Tinte das komische Bild von einem Mann gemalt worden war. Der Nackte hatte Beine wie Schlangen. Wie ein Akrobat hielt er sich mit seinen Füßen die Ohren zu. Zwischen den Beinen hing etwas Längliches. Meine Mama sagte oft: „O Gott, das sind doch noch Kinder." Damit meinte sie nicht uns, sondern die Soldaten, die im letzten Kriegsjahr mit sechzehn Jahren eingezogen worden waren, so wie unser Bruder Vitalij. Nun war der Krieg vorbei, doch Mama sagte, dass die armen Jungs trotzdem noch vier Jahre bei der Armee bleiben müssten, Vitalij auch. Es gab kein Foto von ihm, deswegen war mein Bruder für mich ohne Gesicht. Ich vergaß ihn einfach. Wenn jemand mich nach meinen Geschwistern fragte, nannte ich nur meine drei Schwestern.

Manchmal kamen dreieckig gefaltete Soldatenbriefe. Vitalij schrieb, dass er sich freue, noch ein Schwesterchen bekommen zu haben – gemeint war Keschka. Dann verbot er Mama, ihm Pakete zu schicken, weil sie selbst und die Kinder doch hungerten. Eines Tages kamen keine Briefe mehr von ihm. Es hieß, er sei verschollen, aber man suche ihn. Nata und ich gingen zu dem Soldaten, der an der Kellertür postiert war, und fragten ihn, warum er nicht verschollen sei wie unser Bruder. Der Soldat sagte, er stehe auf Posten und ihm sei verboten, mit uns zu reden. Danach erlaubte uns Mama zum Trost, die Bilder aus den drei Lieblingsbüchern von Vitalij anzuschauen. Diese Bücher bewahrte Mutter für ihn auf durch Kriegs- und Hungerszeit, bis zu ihrem Tod. Es waren vorrevolutionäre Bücher, wie eine Art Lexika, in denen Vögel abgebildet waren, die noch schöner aussahen als die Schmetterlinge von Akkerman. Ich bewunderte die Fische, die wie bunte Federn gezeichnet waren. Sogar alte Chinesen in prachtvollen Gewändern waren dort dargestellt! Von ihren kahlgeschorenen Köpfen hingen lange Zöpfe herunter. Auch habe ich auf einer Seite einen schönen Offizier gefunden, mit kleinem Bart, der eine Dame in langem, weißem Kleid in den Armen hielt. Papa sagte uns, dies sei Zar Nikolaus II. Die Arbeiter hatten ihn und seine Familie vom Thron gejagt, weil er sich nicht um das Volk und das Land gekümmert hatte.

Zwischen den Ruinen und unserem Haus hing der hölzerne Rahmen eines ehemaligen Tores, der immer quietschte, wenn man ihn bewegte. Man konnte wunderbar darauf schaukeln. Das tat ich gerade, als von weitem eine Gruppe von Offizieren auf mich zukam. In der Mitte dieser Gruppe lief ein großer Mann, an dessen Hosen seitlich breite rote Streifen angebracht waren. Neben ihm ging ein hübsches Fräulein. Die Gruppe blieb vor mir stehen, und der Mann, der so schön wie Zar Nikolaus II. aussah, sagte: „Was für ein Kind!" Er sagte, ich solle ihm meine Hand geben, mich nicht ängstigen, er wolle mir etwas kaufen. Da liefen alle mit mir zu einer Teestube unweit unseres Hauses. Unterwegs lachte das Fräulein, als sei es verliebt.

Die Kellnerin mit dem weißen Kittel wurde ganz rot, als wir die Teestube betraten. Von irgendwoher holte sie schneeweiße Zuckerplätzchen. Jemand sagte, ich solle die Hände wie eine Schale halten, und legte mir einen Berg von Plätzchen hinein. Langsam ging ich, vorsichtig wie mit einem Glas voll Wasser auf dem Kopf, nach Hause. Nicht ein Plätzchen fiel zu Boden. Daheim war Mama sprachlos. Ich war es auch; noch nie im Leben hatte ich Derartiges gesehen oder gerochen. Mama teilte die Plätzchen zu vier Häufchen auf dem großen Holztisch auf – eines für Ljalja, eines für Nata, eines für mich und eines für Keschka. Für sich selbst keins. Unsere Mama hatte nie Hunger. Oft sagte sie beim Brotaufteilen, sie habe schon gegessen, oder es schmecke ihr nicht. Diesmal sagte sie: „Erwachsene essen keine Plätzchen." Und als Papa am Abend müde von der Arbeit nach Hause kam und wir alle gemeinsam an unserem selbstgezimmerten Tisch saßen, erzählte ihm Mama: „... und stell dir das vor, sie hat darauf gewartet, dass ihre Schwestern nach Hause kommen. Dann hat sie für sich das kleinste Häufchen ausgewählt. Stell dir mal vor: das kleinste!"

Winter in Akkerman. 1947

Es wurde wieder Winter. Dieses Jahr verheizten wir auch den alten quietschenden Holztorrahmen. Unser Haus hatte drei Zimmer, ein gelbes, ein grünes und ein großes. Das gelbe war unser Kinderzimmer. Dort durften wir aber nicht rein, weil die Decke heruntergestürzt war. Sie lag in der Mitte des Raumes als Schutthaufen. Jetzt im Winter hatten wir die Tür des Kinderzimmers fest zugeschlossen, damit sich der Frost nicht in das grüne Zimmer schlich. Dieses Zimmer war das Schlafzimmer, dort standen drei eiserne Betten. Mama hatte unter deren Beine Blechbüchsen mit Wasser gestellt, damit die Wanzen hineinfielen. An der Wand über Mamas Bett hing ein weinroter

Plüschteppich zur Dämmung. Das war schön, aber in ihm lebte eine ganze Großfamilie Wanzen. Immer, wenn eine von uns krank war, landete sie in Mamas Bett mit dem roten Teppich. Wenn ich an der Reihe war, machte ich Wanzenjagd und zerdrückte sie mit meinen Fingernägeln. Stundenlang kämmte ich die Flusen mit meinen Fingern. Doch nie erwischte ich alle, immer überlebten einige in dem Teppich. Dann war ich froh, wenn ich wieder gesund war. Meistens schliefen Nata und ich zusammen in einem Bett. Wir kuschelten uns warm.

Im großen Zimmer standen ein hölzerner Tisch und ein langer, harter Tapschan: eine Art Liege, bei der Bretter locker auf Holzböcken liegen. Dort schlief Papa, wenn er von seinen Dienstreisen nach Hause kam. Das Klavier hatten wir von der Musikschule unentgeltlich für Ljalja entliehen, weil sie in diesem Fach unterrichtet wurde. Das war in der Sowjetunion so üblich. Alle Menschen lebten in großer Armut, aber junge Talente wurden vom Staat auf diese Weise gefördert.

Außerdem stand in dem Zimmer ein kleiner eiserner Kanonenofen. Im Winter glühte er rot. Saßen wir auf dem Fußboden, sahen wir zu, wie Ljalja mit einem Holzstäbchen über die glühende Ofentür zog. Dann funkelten die Spuren auf und verschwanden wieder. Ljalja war eine Zauberin!

Wir hatten auch ein kleines Plastikradio mit einem Knopf vorne. Wenn man an diesem Knopf drehte, erklangen Stimmen oder Musik im Zimmer. Wenn Koslowskij oder Schaljapin sangen, mussten wir immer ganz still sein. Die Eltern lobten: „So ein Legato, so ein Pianissimo!" Immer solche komischen Wörter. Ich hatte ihnen gesagt, dass ich Koslowskij nicht mochte, weil er wie eine Frau singt. Darauf erklärte mir Mama, das sei „Bilkanti", und wenn ich einmal groß sei, werde es mir auch gefallen. „Aber warum soll mir Bilkanti dann gefallen, wenn er mir jetzt schon nicht gefällt?" „Das heißt Belcanto. Du nervst mich." So antwortete sie immer. Ich fragte sie, wie kommen die Stimmen in das Kästchen? Sie meinte, durch den Draht aus der Steckdose. So, Musik und Stimmen können durch den Draht laufen. Aber wie kommen sie in eine Steckdose? Sie sagte, ich nerve sie. Dagegen hat mir Schaljapin gefallen. Er sang wie ein Mann. Papa sagte über Schaljapin: „Wie schade, dass er nicht durchgehalten hat!" Ich wollte gleich wissen, was er denn nicht durchgehalten habe. Die Eltern taten so, als ob sie mich nicht hörten.

Erst viel später, als Stalin tot war, erfuhr ich, dass Schaljapin 1921 von einer Tournee in die USA nicht zurückgekehrt war.

In diesem Jahr 1947 krallten sich Frost und Hunger in alle Lebewesen. Im Hof lagen tote Katzen in den Ecken. Dürr, wie sie waren, glichen sie Ratten. Doch ihre Augen sahen menschlich aus, wie die von Nata.

Meine Schwester hatte streichholzdünne Ärmchen: Die Tuberkulose war ihr schon vorbestimmt. Wenn Mutter mich ansah, meinte sie: „Du siehst wie eine Litfaßsäule aus. Woher kommt das bloß, woher?"

Am Ende des Hofes wohnte die Liontjewna, die hatte auch solche Telleraugen wie die Katzen. Oft stand sie vor den noch lebenden, miauenden Tieren und sprach zärtlich mit ihnen: Ob sie, die Tiere, nicht auch Hunger hätten und dass sie ihnen leider nichts zu essen geben könne.

Bald darauf wurde die Liontjewna aus ihrer Wohnung herausgetragen, tot. Alle flüsterten, dass in ihrem Zimmer Schätze versteckt seien. Mama schüttelte den Kopf: „Eine Perlenkette hat sie gehabt und eine Nähmaschine und musste trotzdem vor Hunger sterben!"

Der Frost nahm an Härte zu. Wir alle gingen in Mänteln, die Mama aus Papas abgelegter Militärkleidung mit der Hand genäht hatte. Das ganze Städtchen war voller Uniformen, und wir kleinen Mädchen liefen wie Kindersoldaten zwischen ihnen herum. In ihrer Farbe. Unter den Kragen band Papa mir manchmal ein Pioniertuch anstelle eines Schals. Das war hübsch. Aber trotzdem, von Kopf bis Fuß oliv. Ich konnte diese Mäntel nicht leiden. Doch sie waren alles, was uns vor der Kälte schützte. Ganz Akkerman war in Militär-Oliv getaucht! Noch in den unteren Klassen der Schule trug ich, und dies als Einzige, solch einen Mantel, und zwar den, aus dem Ljalja und Nata nacheinander herausgewachsen waren. Fünfzig Jahre brauchte ich, um mich mit dieser Farbe zu versöhnen.

Damals, im Winter 1947, hatte ich keine Schuhe. Meine Füße wurden mit Lappen umwickelt, und darüber kamen die Galoschen, Gummiüberzieher, die man eigentlich bei Regen über den Schuhen trug, um sie zu schonen. Natürlich waren mir die Galoschen zu groß. Sie mussten mit Stricken an meine Füße gebunden werden.

So ein Glück! In diesem harten Winter bekamen wir Kinder einen richtigen Schlitten. Die Arbeitsstelle meines Vaters verteilte unter den Kollegen an kinderreiche Familien manchmal Zucker, manchmal Kinderkleidung. Auch der Schlitten war ein Geschenk von dort. Das war eine Freude!

Papa erzählte uns, dass, als er klein war, die Kinder in seinem sibirischen Verbannungsort einfach Pferdemist nahmen, den sie mithilfe von Lehm zu einem runden Fladen formten, in den sie ein Stück Seil legten. Den Fladen hatten sie bei Frost mit Wasser übergossen, und der Schlitten war fertig. Man setzte sich auf den gefrorenen Fladen, nahm das Seil in die Hand und flitzte den Berg hinunter.

Wir aber hatten einen richtigen Schlitten. Gleich am nächsten Tag gingen Mama, Ljalja, Nata und ich damit auf die verschneite Straße. Ljalja zog ihn als Pferd, ich saß darauf. Und was passierte? Die Stricke an meinen Füßen lösten sich, die Galoschen schleiften und fielen in den Schnee, und die Lappen flogen die Straße entlang und lagen überall an unserer Rennstrecke verstreut. Was für ein Spaß! Meine nackten Füße waren danach weißgefroren. Wir blieben schließlich an einem Laternenmast stehen. Unter dem Mast lag ein Junge mit geschlossenen Augen. Sein Gesicht war so kalkweiß wie meine Füße. Wir riefen Mama. Sie rannte zu uns, und als sie das sah, erschrak sie und schrie: „Er muss vor Hunger ohnmächtig geworden sein! Der erfriert ja!" Sie hob mich auf die Arme und brachte mich in die Küche unserer Wohnung, setzte mich ab auf einem Stuhl, nahm eine Tasse warmes Wasser und warf ein Stück Zucker hinein. Damit rannte sie nach draußen. Ich schmulte aus dem Fenster, wie Mama versuchte, Zuckerwasser in den Mund des Jungen einzuflößen. Dann kamen andere Leute hinzu, und ich konnte nichts mehr sehen. Sie haben ihn fortgetragen. Das war das erste Mal, dass ich tiefes Mitleid empfand. Dieses Gefühl war schrecklich. Es quälte mich sehr. Und ich wollte es so gern loswerden! Es verwandelte sich in ein Schuldgefühl, das noch viele Tage danach an meinem Inneren fraß. Als ich später lesen konnte, kehrte dieses Gefühl zurück, wenn ich Tschechows Erzählungen las. Manchmal konnte ich sie nicht zu Ende lesen.

Neben unserem Korridor befand sich eine Kammer mit einem kleinen, nichtverglasten Fenster. Eines Tages saßen in der Kammer viele Spatzen. Mama stöhnte: „Draußen erfrieren die armen Vögel schon im Flug. Fliehen zu uns, auf der Suche nach Wärme."

Papa griff nach einem Küchenmesser und ging damit in die Kammer. „Mörder, Mörder!", schimpfte Mama. Später stand Vater in der Küche und brutzelte die gerupften Spatzen in der großen eisernen Pfanne. Ich setzte mich neben ihn, als er die Pfanne auf den Holztisch stellte, und schaute zu, wie er die kleinen schwarzen Wesen von den Knochen knabberte. Und Mama rief immer wieder: „Du Kannibale, du Kannibale!" Vater hielt mir einen Happen hin, doch ich hatte meine Zähne fest zusammengebissen. Ich weigerte mich, von einem Kannibalen gefüttert zu werden.

Inzwischen froren selbst wir in der Wohnung. Was tun? Mama sagte, es hieße, dass im Hof der Kaserne eiserne Tonnen stünden. Dort würden die Briketts hineingeworfen, die mit der Asche aus dem Ofen geholt worden waren. Vielleicht könnten die noch weiter verbrannt werden. Ich sollte mich heimlich an den Soldaten vorbei in den Kasernenhof schleichen, um ein paar Briketts aus den Tonnen zu angeln. Dafür gab mir Mutter unsere große schwarze Wachstuchtasche. Doch meine Beine waren viel zu kurz! Die Tasche schleifte auf dem Schnee, und das hörte man meilenweit! So schien es mir zumindest. Und ich durfte doch nicht bemerkt werden! Wie sollte das gehen?

Es ging: Gott sei Dank war kein Soldat zu sehen. Nicht im Tor, nicht vor der Kaserne. Schon stand ich im Hof. Und bald hatte ich so eine Tonne gefunden. Sie war viel größer als ich. Ich musste mich an ihrem Rand mit den Armen hochziehen, um hineinschauen zu können: Tief unten lagen in der Asche einige, zum Teil noch schwelende Kohlen am Boden. Die Leute hatten Mama die Wahrheit erzählt. Aber meine Arme waren viel zu kurz, um die Briketts herauszuholen! Ich versuchte es trotzdem, balancierte am Rand – und es hätte nicht viel gefehlt, und ich wäre kopfüber in die Tonne gestürzt. Zwei starke Hände nahmen mich vom Rand, zogen mich heraus und stellten mich auf den Schnee. Ein großer Soldat stand vor mir und sagte: „Mitkommen!" Seltsamerweise war ich ganz ruhig: kein Schreck, keine Angst, und ich schämte mich nicht vor ihm. Vielleicht, weil es Mama gewesen war, die mich geschickt hatte, und ich hatte nur gehorcht. Wir gingen durch den Kasernenhof in eine Baracke. Dort war es warm. Ich stand in einem fast leeren Raum. Ganz weit hinten war ein großer, langer Holztisch, an dem ein Offizier saß und halb auf seinem Schoß eine Frau. Beider Gesichter waren rot. Sie schauten uns an, als seien sie besoffen. Ich spürte, dass wir sie gestört hatten und dass sie etwas vor uns verbergen wollten. Als der Offizier ärgerlich fragte, was denn los sei, meldete ihm der Soldat: „Den Bub habe ich beim Kohlenklauen erwischt."

Ich trug den Kapuzenmantel, den Mama aus Papas Militärmantel genäht hatte. Die Kapuze war zu groß und verdeckte mein halbes Gesicht. Sicher sah ich wie ein kleiner Soldat aus. Dass ich für einen Jungen gehalten wurde, gefiel mir. „Gib dem Kind ein paar anständige Kohlen", sagte der Offizier.

Zwei Tage lang war unsere Stube warm!

In diesem Winter, 1947, bekam Mama eine Medaille verliehen. Sie glänzte, als ob sie aus Gold wäre. Auf der Vorderseite waren eine Sonne und eine lachende Mutter mit ihrem Kind zu sehen, und die Inschrift lautete „Heldenmutter". So eine Medaille erhielten alle Frauen, die sechs oder mehr Geburten nachweisen konnten, auch wenn einige der Kinder starben. Damit war die Berechtigung verbunden, Lebensmittel außerhalb der Schlange zu bekommen – sofern es welche gab.

Obwohl strenger Frost herrschte, waren die Schlangen vor den Läden endlos. Man sah den Schnee nicht mehr, so schwarz war die Straße von Menschen. Und nur die Glücklichen, die vorne standen, bekamen etwas Essbares. Für den großen Rest reichte es nie. Deshalb standen die Menschen dort Tag und Nacht. Jetzt aber konnte Mama ihren schwarzen Plüschmantel aus guter Zeit anziehen, sich die Medaille an die Brust hängen, dorthin, wo die Menschen ein Herz haben, und einkaufen gehen, ohne sich anzustellen. Wir blieben währenddessen zu Hause.

Lange waren wir in der Stube allein. Bei jedem Geräusch von draußen lauschten wir auf – dann spielten wir weiter. Und dann haben wir es doch nicht bemerkt, dass die Tür aufging. Eine wild verwüstete Frau stand im Rahmen! Und sah uns an. „Mama?", fragte Nata. Da erkannten wir sie. Mama. Die vor Hunger wahnsinnigen Weiber hatten sie am Kragen gepackt und ihr mit solcher Wucht die Hälfte ihres Mantels heruntergerissen, dass nicht nur die Medaille mit ihm zu Boden gefallen war, sondern zugleich ein Streifen ihres Kleides. Es war ein schreckliches Bild. Mama hatte kaum mehr als zwei schwarze Plüschärmel am Leibe, und ihre weißen nackten Brüste hingen schutzlos ausgeliefert im Freien. Und sie zitterte.

Eine kleine Tüte aus Zeitungspapier fiel zu Boden. Aus ihr rollten harte kleine Nudeln auf die hölzernen Dielen. Mutter zog die Fetzen aus und warf uns die Heldenmuttermedaille zum Spielen hin. Still legte sie sich auf den Tapschan und deckte sich zu.

Der Hunger war stärker als alle anderen Gefühle. Wir stopfen uns die rohen Nudeln in den Mund und knabberten sie mit den Zähnen klein. Als Papa Stunden später nach Hause kam, war der Fußboden wie leergefegt. Mama sagte nur: „Die Kinder hungern." Papa lief im Zimmer auf und ab. Am folgenden Morgen war er verschwunden. Er sei ins Dorf gefahren, um uns etwas zum Essen zu holen, sagte uns Mutter.

Still stand sie in der Küche vor den leeren Töpfen. Ich lief ihr überallhin wie ein Schatten nach, umarmte ihre Beine von hinten. Damals reichte ich ihr mit meinem Gesicht gerade zum Po, und den küsste ich inbrünstig. Darüber musste sie lachen. Sie schubste mich weg, dann gab sie mir einen Rubel und die schwarze Wachstuchtasche und meinte, jetzt solle ich doch einmal versuchen, Brot zu holen. Wer Kohlen aus einer Kaserne holen konnte, der kam doch sicher auch an Brot!

Ich lief die Schlange entlang. Weiter vorne stritten sich einige Frauen und schlugen sich. Sie schrien mit erstickten Stimmen, rissen sich die Haare aus. Eine weinende junge Frau griff nach mir, presste mich vor ihren Bauch und meinte, man werde mich tot trampeln. Sie nahm mich zum Schutz, und schützte mich dabei. Auf diese Weise waren wir schnell vorne. Die Verkäuferin steckte mir ein heißes duftendes Brot in die Tasche, das wie ein wuchtiger Ziegelstein aussah. Erleichtert kam ich damit nach Hause. Es hatte nicht einmal lange gedauert! Seitdem nannte mich Mama „unsere Retterin".

Papa war immer noch nicht zurückgekehrt, und das Brot war aufgegessen. Und wieder bekam ich einen schmutzigen, zerknitterten Rubelschein in die Hand gedrückt und die schwarze Wachstuchtasche, und Mama gab mir als Rat auf den Weg, ich solle versuchen, in dem Restaurant neben dem Stadtpark etwas Essbares zu bekommen. Wieder zog ich die Tasche auf dem Schnee hinter mir her.

In dem Restaurant roch es nach Wodka, trübe Machorkawolken schwebten in der Luft, und es schien mir, als seien alle besoffen, Männer wie Frauen.

Der Lärm war höllisch. Wir Kinder hatten Angst vor Betrunkenen. Erblickten wir einen Offizier, der die Stara Basarnaja entlangtaumelte, hockten wir uns sofort in Gebüsche oder versteckten uns in Ruinen. Erst wenn er außer Sicht war, verließen wir unser Versteck wieder. Im Restaurant aber waren alle, alle Männer und alle Frauen, wie in einem Höllenkessel besoffen. Ich setzte mich an einen kleinen Tisch neben der Wand. Niemand nahm Notiz von mir. Es dauerte lange, bis ein Fräulein zu mir kam. Erschrocken sagte sie: „Um Gottes willen, du Kleine, was willst du hier! Verschwinde sofort! Sofort!" Ich reichte ihr meinen zerknüllten Rubelschein und sagte „Brot!" Sie verschwand. Die Besoffenen tobten und lärmten, die Luft war dick und wurde immer dicker. Dann tauchte das Fräulein aus dem Dunst wieder auf, ging vor unserer schwarzen Tasche in die Hocke und schob etwas hinein, das in Zeitungspapier eingewickelt war. Sie zog mich heran, und schrie mir ins Ohr: „Geh sofort nach Hause und komme nie wieder! Hörst du – nie wieder!" Zu Hause holte ich aus dem Zeitungspapier drei Scheiben Brot und legte sie auf den Tisch. Die „Retterin".

Wenn nur einmal wieder Flieder blüht

1948 warteten Erwachsene ungeduldig auf den Frühling. Irgendwann kam er tatsächlich. Mit der Sonne kehrte die Wärme zurück, und die tödlichen Hungerkrallen ließen von uns ab. Mama hängte den einen großen geräucherten Hinterschinken, den Papa uns von den Dörfern gebracht hatte, auf die Terrasse. Der Schinken hatte die plötzliche Wärme nicht vertragen, und um die Knochen wimmelte es von kleinen weißen Würmern. Die Nachbarinnen kamen, um miteinander zu beraten, was zu tun sei, und sie einigten sich darauf, dass der Schinken in der Sonne aufgehängt werden sollte, damit die Hitze die Würmer abtöten konnte. Das half aber nicht. Mama schnitt das Fett von den Rändern ab, den Rest warf sie in den Abfalleimer. Den Speck wickelte sie in Zeitungspapier zu Päckchen und schickte mich mit einem davon durch die Straßen. Ich sollte bei fremden Leuten anklopfen und fragen, ob sie nicht Speck gegen Brot eintauschen wollten. Denn bloß weil es wärmer wurde, hatten wir immer noch nicht genug zum Essen. Ich ging zu der ersten Tür. Ein schwarzer krauser Kopf streckte sich heraus. „Mama lässt fragen, ob Sie ein wenig Brot gegen eine Scheibe Speck tauschen würden." Eine große Hand griff nach dem Päckchen mit Speck und verschwand. Nach kurzer Zeit kam die Hand wieder heraus, und ich sah meinen in Zeitungspapier gewickelten Speck wieder. „Nein", hörte ich die Stimme. Zweite Tür. Ich klopfte.

Die Tür ging auf. „Mama lässt fragen…" Die Tür knallte wieder zu. Der Knall traf mich in die Magengrube. Die Beine wollten mir kaum noch gehorchen. Doch dann stand ich vor der dritten Tür. Mein Arm wollte sich nicht mehr heben. Aber ich schaffte es zu klopfen. Die Tür ging auf und knallte gleich wieder zu. Und wieder ein voller Treffer in die Magengrube. Vor der vierten Tür stand Nadja, sie ging mit unserer Ljalja in dieselbe Klasse. Ich ging auf sie zu, ließ das Päckchen auf die Erde fallen. Meine Arme umklammerten das Mädchen, und ein Geheule, sirenengleich, schoss aus meiner Kehle. „Nadja, … ich … ich bin … keine … keine Bet… Bettlerin … Ich … sollte nur … nur tauschen … Speck … gegen Brot …" Nadja versuchte, sich aus meiner Umklammerung zu lösen. Vergebens. Nadja wurde ganz still. Streichelte mein Haar, streichelte meinen Rücken. Ich ließ sie los. Nadja griff nach dem Päckchen und verschwand im Haus. Durch das offene Fenster hörte ich Nadjas Stimme: „Mama, bitte, bitte gib ihr Brot. Bitte, Mama, bitte." Jedes Bitte schoss wie ein Steinchen aus einem Katapult durchs offene Fenster und traf mich. Zu Hause gab ich Mutter dann die paar Scheiben Brot. Aber ich weigerte mich, einen Bissen davon zu essen.

Die Ruinen des Rundfunkgebäudes benutzten wir Kinder aus unserem Hof bei gutem Wetter als Toilette. Am liebsten gingen wir gemeinsam dorthin. Die, die mussten, und auch die, die gerade nicht mussten. Dort ließen wir unsere Schlüpfer runter, hockten uns gemütlich über die Steine und unterhielten uns dabei. Nachher betrachteten wir in allen unseren Haufen die gleichen widerlichen Würmer, wie in unserem verdorbenen Schinken, den uns Papa aus den Dörfern gebracht hatte. Besonders schlimm war es bei dem dreijährigen Borka, sein Haufen wimmelte förmlich davon.

Seine Mutter, Tante Sina, liebte ich sehr. Sie hatte einen langen blonden Zopf, den sie wie einen Kranz um ihren Kopf gewunden trug. Tante Sina wohnte mit Borka und ihrem Mann, einem jungen schweigsamen Offizier, neben den Ruinen. Sie war zwanzig Jahre alt und für mich die schönste Frau von Akkerman, was sie nicht wahrhaben wollte, denn sie sagte, dass meine Mama die schönste Frau von Akkerman sei.

Nebenan wohnte die dicke Rejsa. Ihre Haare sahen gelb und filzig aus. „Das kommt vom Wasserstoffsuperoxid", meinte Mama. Wasserstoffsuperoxid hatten wir zu Hause auch. In einer Flasche. Die gab es für wenige Kopeken in der Apotheke. Rejsa färbte sich damit die Haare. Sie ließ sich in unserem Hof in rosa Liebestötern und türkisfarbenem BH sehen. Liebestöter waren komische Schlüpfer, die fast bis zu den Knien reichten und dort auch noch mit einem Gummizug schlossen. Rejsas Kugelbauch und ihr fetter Hintern brachten diese Hose fast zum Platzen. Dass sie so heißen – Liebestöter –, hat uns Mama gesagt. Unsere Mama lief immer ohne Schlüpfer.

Unter dem Rock kann es doch keiner sehen. Und Mama sagte uns, dass sie sich so daran gewöhnt habe. Richtige Schlüpfer für erwachsene Frauen gab es ohnehin nicht zu kaufen. Rejsa schleuderte ihren flüssigen Unrat in großem Bogen auf die Ruinen. Niemand redete mit ihr, niemand mochte sie. Eines Tages, als sie wieder einmal ihren Eimer ausgekippt hatte, tauchte hinter ihrem Rücken ihr Ehemann auf, ein stattlicher schwarzgelockter Jude. Er sagte: „Schämst du dich nicht, dich halbnackt vor den Leuten zu zeigen?"

Sie schrie zurück, damit jeder im Hof sie hören konnte: „Vor wem soll ich mich hier schämen? Hier wohnt eine Prostitutka!" Dabei zeigte sie auf Tante Sinas Haus. Tante Sina sprang aus ihrer Wohnung. Hinter ihr zeigte sich ihr Mann Wasilij. „Hier – eine Hündin!" Das galt unserer Mutter, die auch auf die Terrasse gekommen war. Alle anderen Anwohner im Hof bekamen ebenfalls ihr Fett ab. „Vor wem soll ich mich also schämen, he?" Sina schrie Wasilij an: „Warum stehst du hier wie eine Tulpe herum?" Darauf ging Rejsas schwarzgelockter Mann in seine Wohnung zurück. Wasilij tat dasselbe. Tante Sina rannte zu unserem Haus. Ich lief hinterher. Sina sank auf den Betonboden der Terrasse und rührte sich nicht mehr. Sie sah fast tot aus. Ich hockte mich neben sie, um zu schauen, ob sie noch atmete. Unsere Mama eilte mit einem Glas Wasser herbei. Sie beugte sich über Tante Sina, hob ihren Kopf an und flößte ihr etwas Wasser in den Mund. Und ... Mama lachte und lachte und lachte. „Was stehst du da wie eine Tulpe!", wiederholte sie Sinas Worte. Danach sagte sie immer, wenn sie Wasilij über den Hof gehen sah: „Da läuft Sinas Tulpe!"

Ich dagegen grübelte. Institutka hießen im zaristischen Russland junge Frauen, die blaue Strümpfe trugen und studierten, statt zu Hause für Mann und Kinder zu sorgen. Das hatte mir Papa erzählt. Doch was hieß Prostitutka? Ich fragte abends meine Eltern, ob Institutka und Prostitutka dasselbe seien, woraufhin sie nur laut lachten. Aber warum?

Dass Rejsa unsere Mutter eine Hündin genannt hatte, verletzte mich nicht. Damals nannte man alle Welpen Bobik. Und wenn Vater stolz von seiner Kinderschar sprach, sagte er: „Meine Bobiks ..." Dann ist es doch logisch: Wenn wir so was wie Welpen waren, konnte unsere Mutter nur so was wie eine Hündin sein. Meine Eltern und die Nachbarn ignorierten Rejsas Geschrei einfach. Und keiner grüßte sie.

In diesem Frühling blieb unser Kinderzimmer weiter verschlossen. Nicht wegen der Kälte, sondern wegen der Gefahr, dass die Reste der Decke niederstürzen konnten. Aber das Wohnzimmer veränderte sich: In einer Blumenvase aus blauem Glas grüßten uns jeden Tag Flieder-, später ein paar Jasminzweige oder bunte Tulpen. Der Stadtpark gegenüber den

Ruinen des Rundfunkgebäudes sah wie ein gelber See aus, wenn die Forsythien aufgingen. Das war ein gutes Versteck. Dort streunten Ljalja und Nata oft mit anderen Kindern umher. Ich aber hielt mich immer in Mamas Nähe. Mutters Schimpfen half da nichts. Immer lief ich hinter ihr her, wohin sie auch ging. War ich ihr zu nahe gekommen, blieb ich stehen und wartete, bis der Abstand wieder etwas größer war. War ich versehentlich zu sehr aufgerückt, rief sie mir, mit den Füßen stampfend, zu: „Geh nach Hause!" Dann wartete ich, bis sie sich umgedreht hatte und weitergegangen war. Nun setzte ich meine Verfolgung fort. Es dauerte einige Zeit, bis sie es aufgab, mich loszuwerden. Von da an beachtete Mutter mich einfach nicht mehr und unterhielt sich zum Beispiel mit Vater, wenn er von seinen Dienstreisen nach Hause kam, genau so, als sei ich nicht im Zimmer. Papa hat meine Anwesenheit nie gestört, egal, worüber er sprach.

Die Abenddämmerung in der warmen Jahreszeit brachte für mich die schönsten Stunden. Wenn Mama die kleine Keschka zu Bett gebracht hatte und danach ihren Stuhl auf die Terrasse stellte, zogen auch Tante Sina und die anderen Frauen aus unserem Hof mit ihren Stühlen auf unseren kleinen Betonfleck. Mutter befahl mir: „Ira, geh spielen!" Ich trottete davon – und setzte mich in den Korridor mit dem Rücken zu den Erwachsenen, damit sie mich „nicht sehen" konnten. Dann nahm ich meinen Schuhkarton, in den hinein ich ein Puppenhaus gebastelt hatte, setzte meine selbstgeformten Wattepüppchen hinein und tat so, als ob ich spiele.

Herrliche Stunden brachen an! Meine Ohren streckten und drehten sich wie ein Radar in die Richtung, in der Mama saß.

Mama erzählte.

Und wie sie erzählte! Da kam einmal eine Troika mit drei jungen Kadetten angefahren, mit Säbeln und goldenen Epauletten, und die entführten meine Oma. Vier Tage später brachten sie Oma wieder zu ihren Eltern nach Hause. Von da an trug Oma nur noch schwarze Kleider, und ihre Blicke waren auf den Fußboden geheftet. Bald danach erschien mein Opa, damals ein junger schöner Mann, und stellte ihr trotz allem, was mit den Kadetten vorgefallen sein mochte, einen Heiratsantrag.

Oder: Wegen des Bürgerkrieges, gleich nach der Revolution, flüchteten Mama und Oma auf dem Dach eines Eisenbahnwaggons. Die Züge waren von fliehenden Menschen so überfüllt, dass die beiden nur noch auf dem Dach Platz fanden. Sie konnten nur das mitnehmen, was ihre zwei Hände trugen. Mama aber – so klein sie damals war – setzte alle Hüte, die sie hatte, auf ihren Kopf. Ich sah vor mir, wie meine kleine Mama auf dem Dach eines sausenden Zuges saß, wobei sich auf ihrem Kopf Hunderte verschiedene Hüte zum Himmel türmten.

Die Nachbarinnen hatten nicht so abenteuerliche Geschichten erlebt wie meine Mutter. Sie konnten

Meine Mutter Alexandra Shitnik geborene Karpenko während ihres

Gesangsstudiums in Kiew. Die meisten dieser Fotos entstanden um 1924.

nicht genug von ihr hören. Wenn Mama keine Geschichten aus ihrem Leben mehr einfielen, begann sie aus Opernlibretti zu erzählen. Es war unbeschreiblich! Auf diese Weise wurde ich in sämtliche menschliche Leidenschaften eingeweiht: Liebe, Mord, Verrat. Am schlimmsten war für mich, wenn ein Opernheld, sei es Othello, sei es Rigoletto, seine Liebste aus Versehen umbrachte. Ich litt mit.

Ich stellte mir vor, ich sei selber die arme schöne Butterfly, der ein Offizier ihr Kind fortnehmen will. Auch fühlte ich mich manchmal wie Carmen, die die Männer in den Wahnsinn treibt. Was waren das für Leben! Ich wollte auch, wie meine Großmutter, von Kadetten entführt werden, um von einem verliebten Jüngling wie meinem Opa aus schwarzen Kleidern erlöst zu werden.

Ich hatte ein Geheimnis. Ein Geheimnis darf man niemandem verraten. Auch Nata nicht. Sie petzte nämlich. Mein Geheimnis war: Ich hörte, wie Mama Tante Sina auf der Terrasse erzählt hat, dass sie vor Molskij nach Sibirien geflüchtet war. Mama hatte mich nicht gesehen, als sie das erzählte. Ich hatte mich in der Ecke hinter der offenen Terrassentür versteckt. Molskij war ihr erster Mann. Jetzt weiß ich: Es gibt Frauen, die haben nicht nur einen, sondern danach auch einen zweiten Mann. So etwas gibt es. Molskij war Vitalijs Vater, wie unser Papa es für uns ist. Molskij spielte im Opernorchester die Geige. Anstelle der Noten legte

Molskij Mamas Foto auf das Pult. Er war so eifersüchtig wie der Bajazzo. Oder noch viel, viel schlimmer. So sehr, dass Mama riesige Angst vor ihm bekam. Sie flüchtete bis nach Sibirien, in die Burjat-Mongolei vor ihm. Dort gab es einen Fluss. Er hieß Aldan. Bis dorthin, erzählte Mama, sei sie geflohen. Mit meiner Oma und dem kleinen Vitalij. Sie machten dies ganz, ganz heimlich. In der Taiga versteckte sie sich bei ihrem Bruder Kolja. Mama hatte nur einen Bruder und keine Schwestern wie ich. Onkel Kolja suchte in der Taiga nach Gold. Er war Geologe. Mama verliebte sich in einen Freund von Kolja. Das war unser Papa. Er war aus Moskau nach Sibirien geschickt worden, um dort für die hungernden Menschen die Landwirtschaft aufzubauen, zum Beispiel mit Zwiebeln. Die Zwiebel ist auch so was Landwirtschaftliches. Wenn die Menschen keine Zwiebeln essen, fallen ihnen alle Zähne aus. In Sibirien, in der Taiga hatten alle Menschen Münder wie Löcher, weil sie keine Zähne hatten. Und Papa war gekommen, ihnen zu helfen: mit der Zwiebel.

Tagsüber hörte ich oft Radio. Wenn Arien aus Rigoletto oder dem Bajazzo gesungen wurden, drückte mir ein großer Kloß die Kehle zu: Das war ein neues Gefühl, das ich noch nicht kannte. Und ich liebte es, wenn die Eltern gemeinsam alte Romanzen sangen. Dann war es bei uns so gemütlich.

Mama hatte einen lyrisch-dramatischen Sopran mit großem Tonumfang. In Kiew sang sie „Manon Lescaut". Vaters Bariton klang samtweich. Er hatte nur in seiner Kindheit im Kirchenchor gesungen und nie eine Gesangsausbildung erhalten.

Eines Tages besuchte uns der Direktor der Musikschule, in der Ljalja Klavier spielen lernte. Ljalja hatte ihm erzählt, wie schön Mama singen konnte. Er hörte Mamas Gesang lange zu, war ganz ergriffen. Ein paar Tage danach kam er mit Männern vom Rundfunk Odessa wieder. Und Mama sang! Die Männer wollten nicht mehr fortgehen. Sie wollten immer mehr hören. Sie schlugen Mama vor, Konzerte im Rundfunk zu geben. Ein Vertrag musste vorbereitet werden.

Am nächsten Tag vergaßen meine Eltern wieder meine Anwesenheit. Sie stritten. Worüber, habe ich damals nicht verstanden.

Papa schrie etwas über seine große Liebe und griff nach dem Küchenmesser.

Mama stand vor ihm, stolz wie eine Spanierin, und riss ihre Bluse auf. Ihre weißen birnenförmigen Brüste hingen hilflos herab, und sie rief: „Stich zu!" Da drehte sich Vater mit dem Messer in der Faust zu dem Kochtopf aus Aluminium und stieß auf ihn ein. Zwei große Dellen bekam er davon. Und ich guckte dem verblüfft zu. Nicht einmal Angst hatte ich um meine Mutter! Ich fand das großartig. Das war doch alles genau wie bei „Carmen"!

Mein Vater Iwan Shitnik – den Kosename Janko gab ihm meine Mutter – mit Dreitagebart, ca. 1935

Mein Vater auf dem Zwiebelfeld (Bild Mitte) und beim Unterrichten ehemaliger Gefangener und Burjaten im Fach Landwirtschaft (Bild unten), beides ca. 1935

Der Vertrag kam dann nicht zustande, und die Karriere meiner Mutter wurde beerdigt, bevor sie begonnen hatte. Mama begründete das damit, dass sie zu Hause gebraucht wurde, weil ihr Mann sehr viel auf Dienstreisen war und sie allein vier kleine Kinder zu versorgen hatte.

Noch Jahre später, wenn Mama gekocht hatte, hielt sie Vater den zerdellten Kochtopf unter die Nase und fragte kokett: „Wer hat das bloß gemacht?" Papa lief dann rot an und schaute mit gesenktem Kopf auf seinen Teller.

Unsere Tiere

Wir spielten mit Käfern, Fliegen, Spinnen und Kakerlaken. Die Letzteren mochte ich deshalb, weil man sie so gut mit einem Faden an eine leere Streichholzschachtel binden konnte: So wurden sie zu Pferden für die Kutschen in unserem „Flohzirkus". Wenn wir Fliegen gefangen hatten, rissen wir ihnen die Flügel aus und ließen sie wie die Käfer weiterkrabbeln. Die roten und gelben Marienkäferchen liebte ich sehr. Ich sprach sie zärtlich an, damit sie schnell weiterflogen. Und Spinnen: Das waren doch Künstler. Ihre Netze sahen aus wie zartgewebte Spitzen. Und wenn eine Spinne an ihrem hauchdünnen Faden zu mir herunterkam, sagte Mama, das bedeute, ich bekäme bald einen Brief. Aber ich konnte gar nicht lesen!

Ich musste dann doch noch lange warten, bis ich in die Schule gehen konnte.

Eines Tages brachte Ljalja einen Welpen nach Hause, einen echten Bobik. „Lupus". Er war wuschelig klein mit rundem Schwänzchen, mit weißen Pfoten und weißen Schlappohren, nasser schwarzer Schnauze – und voller Flöhe. Wir saßen auf der Erde im Hof, durchsuchten Lupus' Fell nach Flöhen und steckten diese munteren Springer in eine leere Streichholzschachtel. Das war Ljaljas Idee. Dann krochen wir zum offenen Fenster und warfen den Inhalt in Rejsas Zimmer. Sie hat uns nicht bemerkt. Und so wurde uns diese böse Tat schnell langweilig. Mit Lupus zu spielen dagegen nie! Ljalja baute neben der Ruine aus Steinen eine kleine Hundehütte und beschmierte sie mit Lehm, damit die Steine nicht auseinanderfielen. Doch Lupus weigerte sich, in die Hütte hineinzukriechen. Er wollte immer bei uns sein. Auch nachts. Er schlief auf dem Fußboden zwischen unseren Betten. Und dann geschah es. Ich war es! Ich hatte es nicht gewollt! Ich hatte nur die Tür zugemacht, als Lupus´ Weinen mich erstarren ließ. Seine kleine Pfote hatte ich in der Tür eingeklemmt! Jemand kam. Jemand von den Erwachsenen und prüfte, ob seine Pfote gebrochen war. Sie war nicht gebrochen. In mir heulte alles: Mitleid, Schuld und Schreck. So ein Schreck! Erschrecken davor, dass da tief in mir auch etwas Böses lebt. Und dieses Böse kann auch ohne meinen Willen Schlimmes tun. Danach traute ich mich nicht, Lupus zu streicheln.

Alle paar Wochen trabte ein vom Tode gezeichneter Gaul die Stara Basarnaja entlang. Auf dem Kutschbock saß, wie ein Häufchen Unglück, ein Greis mit einem langen Lasso in der Hand. Mit diesem Lasso fing er die frei laufenden Hunde von der Straße und steckte sie in einen vergitterten Käfig, der auf seinem Wagen stand. Die Hunde hockten zitternd in dem Käfig und heulten. Und hinter dem Wagen her trappelte ein Schwarm von halbnackten, barfüßigen, staubbedeckten Kindern, die noch lauter heulten als die gefangenen Tiere. Seitlich auf dem Bürgersteig gingen die weinenden Frauen und flehten den Greis an, er möge ihnen ihre Hunde doch zurückgeben. Es hieß, aus den gefangenen Hunden würde Kernseife gekocht. Das Männlein auf dem Bock saß regungslos, wie ein Taubstummer, und reagierte nicht. Deswegen stand Lupus jeden Tag zu jeder Stunde unter unserer Aufsicht. Trotzdem verschwand Lupus aus unserer Kinderwelt. Hier legt sich dichter Nebel auf den Weg meiner Kindheit. Das Licht der Erinnerung kann die weiße Wattewand nicht durchbrechen. Von wem hatte Ljalja den Welpen bekommen? War er nur für ein paar Tage geborgt gewesen? Der Greis mit dem Lasso war es nicht. Der fing nur große, streunende Hunde von der Straße weg. Vielleicht wegen Tollwutgefahr. Jetzt sehe ich wieder, wie Ljalja die Hundehütte in einen kleinen Ofen umbaute und wir drei versuchten, darauf Wasser zu kochen. Aber Lupus sehe ich nicht mehr.

Meine Schwestern zeigen ihre Talente

Die kleine Keschka begann ihren Charakter zu zeigen. Sie war unbeugsam: Im Sommer, als sie gerade laufen gelernt hatte, wackelte sie unsere Stara Basarnaja entlang, und zwar so nackt, wie sie auf die Welt gekommen war. Ohne Schlüpfer. Das war ein Tabubruch! Nur mit Schlüpfer badeten wir Kinder im Liman und schliefen wir im Bett. Weder Mama noch Papa zeigten sich uns ganz nackt. Eine unserer Nachbarinnen, die sich den ganzen Tag aus dem Fenster hängte und pausenlos Machorka rauchte, rief mit ihrer rauen Stimme, sobald sie Keschka kommen sah: „Puller kommt! Puller kommt!" Da rannte unsere arme Mama aus dem Haus und suchte nach Keschkas Höschen. Die Kleine sprach noch mit anderthalb Jahren kein Wort, doch wenn sie das Haus verließ, zog sie ihre Schlüpfer sofort aus und versteckte sie im Wasserspeier oder zwischen den Rissen der alten Mauern. So verschwanden immer mehr von Keschkas Schlüpfern. Unsere arme Mama hatte selbst schon keine Wäsche mehr. Aus ihren schönen alten Unterröcken nähte sie uns mit eigener Hand Sommerkleider und aus jedem brauchbaren Lappen Schlüpfer. Doch darauf nahm Keschka keine Rücksicht. Bald lief unsere arme Mama auch im kalten Winter ohne Unterwäsche herum. Sie sagte uns, das mache ihr nichts aus, weil sie nie friere, da sie in der Taiga bei 50 Grad Kälte im Schnee gebadet hatte. Wir glaubten ihr. Alles, was uns Mama erzählte, glaubten wir.

Nata war ganz anders als Keschka. Kurz vor ihrer Einschulung stellte Mama fest, dass dieses Kind ihrer Meinung nach ein „absolutes musikalisches Gehör" hatte. Man stellte sie mit dem Rücken zum Klavier, und sie fand sofort über die ganze Klaviatur hinweg die Taste, die vorher angeschlagen worden war. Das Kind hörte sich verschiedene Instrumente in der Musikschule an und wählte für sich das Cello. Doch solch ein kleines Cello gab es nicht. Ich weiß nicht, ob für sie ein winziges Cello extra in Odessa angefertigt wurde ... Jedenfalls bekam Nata ihr Instrument von der Musikschule. So hatten wir zu Hause nicht nur ein Klavier, sondern auch ein Cello. Doch ich durfte es nicht anfassen. Das war mir recht. Die Bücher von Vitalij waren viel interessanter.

Dann hatten wir ein Erlebnis! Ein Erlebnis mit Liliputanern, jenen kleinen Menschen also, die nicht wachsen. Mama hatte uns gesagt, dass zu uns nach Akkerman ein Schauspieltrupp Liliputaner angereist sei, und sie würden im Theater einige Vorstellungen geben. Ich wollte wissen, ob ich mit ihnen reden dürfe. Mama meinte, wenn ich mich ihnen höflich vorstellte, natürlich. Nun lagen Nata und ich auf der Lauer. Immer wieder gingen wir zum Park und schauten auf die andere Straßenseite zum Theater hinüber. Dann kamen sie. So viele! Sie tummelten sich vor dem Eingang wie die Pinguine. Was hatten sie vor? Ich fasste Natas Hand, und wir gingen schnell hinüber. Dann habe ich sehr höflich guten Tag gesagt und gefragt, ob sie mir erlauben, dass wir uns ihnen vorstellen. Auch, ob es wahr ist, dass sie bei uns Theater spielen würden. Sie wurden so lustig, redeten alle gleichzeitig. Ihre Stimmen klangen, als würde Holz gesägt. Sie alle hatten so zerknautschte Gesichter und wackelten mit ihren großen Köpfen. Die Frauen waren kleiner als ich und hatten mächtige Brüste. So hatte ich mir Marsmenschen vorgestellt. Waren das aber liebe Liliputaner! Ein stämmiger kleiner Mann trat nach vorn und begann vor mir mit einem Fuß zu scharren. Er verbeugte sich und sagte uns, dass sie sich alle sehr freuen würden, wenn wir zu ihrer Vorstellung kämen. Nata meinte, das ginge nicht, weil wir abends nicht ins Theater gehen dürften. Wir sähen so groß aus, aber in Wahrheit seien wir noch sehr klein. Der Liliputaner holte einen Zettel aus seiner Tasche, schrieb etwas drauf und meinte, wenn wir morgen um 12 Uhr diesen Zettel dem Kontrolleur zeigen, würden wir ins Theater hineingelassen. Es sei eine Mittagsvorstellung.

Am nächsten Tag saßen wir beide im Zuschauerraum. Auf der Bühne war eine große Kiste aufgebaut. Darauf standen zwei Zimmer mit kleinen Möbeln. Die Liliputaner liefen von einer Stube in die andere und unterhielten sich mit ihren kratzigen Stimmen. Ich habe kaum ein Wort verstanden. Es war schwer auszuhalten. Ich rutschte auf meinem Sitz hin und her. Auf dem Heimweg meinte ich zu Nata: „Kino ist viel schöner als Theater. Ich möchte nie wieder ins Theater gehen. Ich werde lieber eine Filmschauspielerin."

Aber bald brach ich mein Wort. Überall klebten Plakate, die ein Solokonzert von Nata im Städtischen Theater ankündigten. Vater und Mutter saßen stolz wie zwei Eichen im Parkett und ich neben ihnen. Und jetzt löscht das Licht wieder meine Erinnerung aus. Ich weiß nicht, wo Ljalja war. Habe ich überhaupt zugehört? War der Saal voll? Wer hat Nata am Klavier begleitet? Alles bleibt im Dunkel. Aber Natas erschrockene graue Telleraugen werde ich nicht vergessen. Sie saß ganz verloren auf der Bühne und so klein und dünn und spielte Cello mal heiter, mal traurig. Ich hatte große Angst, dass Nata einen Fehler machte oder stecken bliebe.

Am nächsten Tag erschienen ein Foto von ihr in der Zeitung, das sie auf der Bühne zeigte, und ein Artikel. Meine Eltern haben diesen Artikel jedem, der uns besuchte, vorgelesen, und deshalb ist mir die letzte Zeile in Erinnerung geblieben: „Es gedeiht ein Wunderkind unter der Sonne der Stalin'schen Verfassung."

Das Weltwunder von Akkerman

Links an unserem Häuschen klebte ein kleineres, in dem eine Kriegerwitwe mit ihrer Tochter lebte. Von drei Bäumen auf unserem trostlosen großen Hof wuchsen zwei vor ihren Fenstern. Die Kriegerwitwe war eine einfache Frau, die früher in einem Bergwerk gearbeitet hatte. Alle nannten sie bei ihrem Spitznamen Tajotschicha. Ihre Tochter Taja war in unserem Alter und sah wie ein breites Brett aus. Von Kopf bis Fuß. Wenn sie sprach, hörte es sich an, als ob sie singe, genau wie bei ihrer Mutter, weil sie aus dem Wolgagebiet stammen, sagte Mama. Uns gefiel das. Taja und ihre Mutter hatten beide breite Kartoffelnasen. Nur war die Nase von Tajotschicha von komischen schwarzen Punkten übersät, als ob in jeder Pore ihrer Haut Kohlenstaub säße. Tajotschicha brachte Mama oft zum Lachen, wenn sie zu uns kam. Als Taja eingeschult worden war, musste sie als Hausaufgabe in ihr Heft Stäbchen und Häkchen malen. So wurden die Kinder damals auf das Schreiben von Buchstaben vorbereitet. Das Mädchen kam immer nur mit schlechten Noten nach Hause, sosehr sie sich auch anstrengte. Sie weinte. Eines Tages nahm die gute Tajotschicha das in die Hand und malte jeden Tag in das Schreibheft ihrer Tochter Stäbchen und Häkchen. Nun sammelte die Lehrerin alle Hefte ein. Taja sagte mir, sie habe keine Angst mehr vor der Schule, weil ihre Mutter sehr schöne Stäbchen und Häkchen gemalt habe. Aber ein paar Tage später stürzte Tajotschicha zu uns herüber und fuchtelte mit dem Heft ihrer Tochter vor Mamas Gesicht herum. Tajas Lehrerin hatte ihr die allerschlechteste Note gegeben, bei der man in der ersten Klasse sitzen bleiben musste – eine Eins. Und warum? Die Häkchen und Stäbchen waren zu schön geworden –

die Fälschung war aufgeflogen. Was hat Mama da gelacht! Die arme Tajotschicha rannte gleich fort. Doch am nächsten Tag kam sie wieder zu uns. Mama lachte, und die gute Tajotschicha lachte mit Mama mit.

Oft besuchte der Lockenkopf Kostja unsere Mama. Er war zwanzig Jahre alt wie Tante Sina und machte ein Praktikum bei Vater. Ich spürte gleich, dass sie sich lieb hatten. Vielleicht erinnerte Mama dieser junge Mann an ihren verschollenen Sohn Vitalij. Seine Wangen glühten immer rot. „O Kostja, Schneeweiß und Rosenrot", wiederholte Mutter. Sie erklärte mir, dass Kostjas rote Wangen von seinem kranken Herzen kämen. Kostja brachte uns mehrere Kronen aus einem Bühnenfundus. Alle waren sie weiß und mit goldenen Pailletten bestickt. Nur eine war smaragdgrün: Auf ihr waren mit goldenen Fäden Gewitterblitze eingewebt. Ich hielt sie in den Händen wie ein Wunder. So kam Ljalja auf die Idee, im Hof Aschenputtel zu inszenieren. Zwischen zwei Bäumen vor den Fenstern von Tajotschichas Haus wurde eine Decke als Vorhang angenagelt. Die selbstgebastelten Karten waren schnell ausverkauft. Die Zuschauer kamen mit ihren Schemeln und Stühlen und setzen sich vor den Vorhang. Tante Sina zog uns ihre Kleider an, die sie mit einem Strick um die Taille hochband. Ljalja hatte eine Doppelrolle. Sie war die böse Stiefmutter und in anderen Szenen der Prinz. Nata war Aschenputtel, Taja und ich die bösen Schwestern. Ich wäre natürlich lieber Aschenputtel gewesen, aber bei den Proben entdeckte ich zum ersten Mal, was Narrenfreiheit heißt: Fratzen ziehen, Zunge herausstrecken, nörgeln, schreien, aufsässig mit den Füßen stampfen, Aschenputtel kneifen, Taja kitzeln ... Es war berauschend! Und noch am Ende der Vorstellung dafür Bravorufe zu ernten! Als wir uns verneigten, durchspülte eine große heiße Welle meinen Brustkorb, und ich wollte am liebsten hochspringen und Jubelschreie ausstoßen.

Für den Kartenerlös durften wir uns die billigsten Kinokarten für die erste Reihe kaufen. Man bekam Kopfschmerzen, weil die Leinwand zu hoch und zu nah war. Die kleine Keschka konnten wir umsonst mitnehmen, sie war in jenem Sommer dreieinhalb Jahre alt. Im Kino lief ein Film mit der argentinischen Sängerin Lolita Torres, einer Frau mit Wespentaille und tiefer, leidenschaftlicher Stimme. Auf der Leinwand liebten sie sich wie die Verrückten und sangen ungefähr so: „Wenn du mich einmal anschaust, werde ich dir mein Leben geben, ohne zu fragen, wozu du es brauchst. Aber jetzt, jetzt geh fort von mir und schau nie mehr eine andere so an!" Mit rot verheulten Gesichtern verließen wir alle das Kino, nur Keschka weinte nicht.

Ich weiß nicht, wie viele Male wir diesen Film zusammen gesehen haben. Jedes Mal hielt sie sich dabei mucksmäuschenstill. Sie wollte unbedingt Lolita hören! Wir weinten regelmäßig, aber sie nie.

Im nächsten Monat lief ein anderer Film im Kino. Auch den sahen wir uns nicht nur einmal an. Und darüber hatten wir Lolita schnell vergessen. Doch dann trauten wir unseren Ohren nicht: In unserer Wohnung sang die Lolita! Sofort war ihr Bild wieder da. Lolita sang in unserer Wohnung. Das war Keschka, und sie konnte nicht nur ihre Stimme, sondern auch die Gefühle dieser Argentinierin imitieren. Sie hatte sich einige spanische Wörter eingeprägt, die sie mit spanisch klingendem Kauderwelsch ergänzte, und sang die Melodien mit der Leidenschaft und dem Schmerz einer Erwachsenen so tonsicher, dass man meinte, im Kino zu sein.

Am Abend überraschten wir Papa damit. Am nächsten Tag brachte Papa wieder den Direktor der Musikschule mit, um ihn Keschka-Lolita hören zu lassen. Kurz darauf kamen wieder die Männer vom Rundfunk aus Odessa zu uns, die die Köpfe schüttelten vor Verblüffung, als Keschka ohne Aufforderung auf den Holzschemel kletterte, inbrünstig ihre Hände nach ihnen ausstreckte und mit tiefer Stimme musikalisch rein, mit ihrem eigenen Spanisch, die unglückliche Liebe besang. Die Rundfunkleute sagten: „Man muss etwas damit anfangen …", aber sie wussten nicht recht, was. So wurde Keschka zum „Weltwunder von Akkerman" erklärt. Anders als bei Nata, schrieben die Zeitungen nichts über sie, aber ihren Ruhm behielt Keschka bis zu unserer Flucht nach Kischinjow.

Das Schreckliche hat sich nur hinter dem Schönen versteckt

Unser letzter Frühling und der letzte Sommer in Akkerman verliefen anders als alle vorangegangenen.

Es war früh am Morgen, als uns Frauen auf der Terrasse besuchten. Ich hörte, dass in der Festung ein kleines Mädchen gefunden worden war, ein Soldat hatte ihr etwas ganz Schlimmes angetan. Ich wollte unbedingt wissen, was dieser Soldat getan hat.

„Etwas ganz Schlimmes", sagte Mama, „sodass die Därme aus dem Bauch des Mädchens heraushingen." O Nein! Nein! Nein!

Wenige Tage später versammelten sich große starke Männer vor dem Haus gegenüber der Ruine des Rundfunkgebäudes, wo eine Witwe mit ihrer dreizehnjährigen Tochter wohnte. Wir Kinder, in der Ahnung, dass dort etwas nicht stimmte, gafften von der anderen Straßenseite hinüber. Die Männer traten mit ihren Füßen die Tür auf. Kurze Zeit darauf kamen alle wieder heraus und führten in ihrer Mitte die Mutter des Mädchens und eine andere, uns unbekannte Frau ab.

Am Abend erzählten sich die Leute im Hof, dass die Tochter der Witwe ein Kind geboren hatte und dass die Hebamme das Neugeborene in einem Eimer Wasser ertränkt hatte. Deswegen sind die Frauen verhaftet worden. Als ich es hörte, wurde meine Zunge taub. Ganz taub fühlte sie sich in meinem

Mund an. Wie ein Stück Papier. Mir wurde schlecht. Übel. Ich erbrach dort, wo ich stand. Gleich zu Mamas Füßen.

Wenn unsere Eltern, was äußerst selten vorkam, abends weggingen, kam die schweigsame Lehrerin Nina Iwanowna zu uns, um auf uns aufzupassen. Sie wohnte allein in einer kleinen Hütte neben Rejsas Haus im Hof. Die Lehrerin brachte immer ein paar Lutschbonbons mit, die rot waren und wie die Blumen im Park rochen. Die Bonbons liebten wir sehr, aber Nina Iwanowna redete mit uns kein einziges Wort. Sie setzte sich auf den Tapschan, legte einen Stapel Hefte auf den Tisch und begann die Schularbeiten zu korrigieren. Nata, Ljalja und ich kletterten auf die Stühle, legten uns halb auf den großen Tisch und schauten ihr die ganze Zeit zu. Das ging so lange, bis unsere Eltern wieder bei uns waren.

Nur ein einziges Mal hörte ich sie zärtlich sprechen: „Was haben wir da für ein Mäuschen! Wo ist nur unser Mäuschen! Wer knabbert denn so, ich sehe es nicht!" Das galt Keschka, die unter dem Tisch zu Füßen der Lehrerin saß und mit ihren Milchzähnen so heftig auf ein Bonbon biss, dass es laut knackte.

Der Sommer wurde sehr heiß. Die Männer, es müssen vier oder fünf gewesen sein, stellten sich plötzlich vor dem Haus von Nina Iwanowna auf. Wir Kinder im Hof verstummten sogleich. Die Männer traten, genau wie bei der Witwe, die das Neugeborene im Eimer ertränkt hatte, mit den Füßen die Türe ein, verschwanden, und nach kurzer Zeit tauchten alle wieder auf. Die Lehrerin lief in der Mitte der Männerhorde mit gesenktem Kopf, die Hände auf dem Rücken, in ihren Hauslatschen und mit einer alten Schürze bekleidet, an mir vorbei. Sie kam mir wie ein kleines, hilfloses Kind vor. Es war das erste Mal, dass ich die völlige Schicksalsergebenheit eines Menschen miterlebte. In mir bohrte dasselbe starke eklige Gefühl, das zu verdrängen mir damals schon nicht gelungen war, als ich den ohnmächtigen Jungen im Schnee an dem Laternenpfahl gesehen hatte.

Am folgenden Tag erfuhren wir von den Erwachsenen, dass die Lehrerin einen falschen Pass besessen hatte. Sie hieß gar nicht Nina Iwanowna, wie wir sie immer genannt hatten. Sie hatte sich in Akkerman nur versteckt, weil sie in der Ukraine während der deutschen Besatzung die Kinder in der Schule weiter unterrichtet hatte. Dafür wurden nach dem Krieg Menschen nach Sibirien verbannt. Die Lehrerin dachte, sie würde unter dem falschen Namen hier in Akkerman von niemandem gefunden werden.

Nachts im Bett weinte ich leise um sie. Und die Worte von Mama hämmerten in meinem Kinderkopf: „Angst", hatte sie zu Papa gesagt. „Ich habe Angst um die Kinder!" Aber warum? Verhaftet man auch Kinder?

Erst 1956, in Zeiten des „Tauwetters", erfuhr ich, dass ich während der deutschen Besatzung in der Ukraine geboren wurde. Nata kam im Februar 1941 in Poltawa zur Welt, aber im Sommer begann das deutsche „Unternehmen Barbarossa". Unsere Familie hatte es nicht geschafft, vor den Deutschen zu fliehen.

In einem Ort, es kann Gadjatsch gewesen sein, wo ich 1942 auf die Welt kam, gab es ein Lazarett, das von einem russischen Arzt geleitet wurde. Zwischen den verwundeten deutschen Soldaten versteckte er manchmal auch Partisanen. Mithilfe dieses Freundes gelang es meinem Vater, zu den Partisanen überzulaufen und von dort aus zu den regulären Armeeeinheiten zu stoßen. Meine Großmutter starb in diesem Lazarett. Doch jemand verriet den Arzt. Er wurde von den Deutschen gehängt. Man ließ ihn lange an dem Galgen hängen, und so musste Mama mehrere Tage an seinem leblosen Körper vorbeigehen. Danach übernahm Vitalij mit seinen 14 Jahren die Rolle des Beschützers und Retters der Familie. Meine Mutter lebte mit vier Kindern drei Jahre unter deutscher Besatzung. Vitalij und Mama beschlossen, alles zu tun, um auf die sowjetische Seite zu gelangen. Wir hatten ein Pferd mit einem Wagen. Vitalij nutzte den Wirrwarr der Bombenangriffe und trieb das Pferd mit dem Wagen, auf dem wir saßen, bewusst immer weiter nach Osten, so nah an die Frontlinie wie nur möglich. Es ist kaum zu glauben, aber so gelang es Mutter mit ihren drei kleinen Mädchen und ihrem Sohn, auf das Gebiet in der Ukraine zu gelangen, das bereits frei von Deutschen war.

Das Schreckliche hat Hände und sitzt auch in den Augen

Der schlimme Sommer wollte nicht zu Ende gehen. Wie ein Brandmal blieb er in meiner Seele. Versteckt, verschwiegen, verborgen. Und er sollte für immer in mir bleiben.

Es fehlten die Schulbücher. Ljalja und Nata hatten auch keine Schulmappen. Mama nähte aus ihrem schwarzen Unterrock für beide Schwestern Beutel. Ljalja schämte sich vor ihren Mitschülerinnen, die mit richtigen Mappen zur Schule kamen. Nata nahm es gelassen. Auch ich wollte gern zur Schule gehen, denn mein Leben wurde mir unerträglich langweilig, wenn ich tagsüber mit Keschka allein zu Hause bleiben musste. Kam Nata zurück, wartete ich schon auf sie, um mit ihr, Schreibheft und Bleistift in der Hand, Schule zu spielen.

In jenem Sommer mussten wir beide zu einem Mädchen aus Ljaljas Klasse gehen, um das Botanikbuch zu holen. Es gab nur ein Buch für mehrere Kinder, sodass unsere Ljalja erst am Abend an der Reihe war, Schulaufgaben zu machen. Ljalja war nach Mamas Meinung schon zu groß, als dass sie um neun Uhr abends allein auf die Straße gehen konnte. Waren Nata und ich zu zweit, würde uns niemand etwas antun, da wir noch recht klein waren, meinte Mutter. So zogen wir also los. Zu Mira. Mira war fertig mit den Schulaufgaben. Sie gab mir das Botanikbuch und einen Klaps auf die Nase. Ich steckte das Buch in die schwarze Wachstuchtasche und zog sie hinter mir her. Als wir an den Ruinen vorbeigekommen waren und fast vor unserem Haus standen, packte mich ein Soldat von hinten und hob mich hoch in die Luft. Ich schrie. Nata sprang wie ein Hund an ihm hoch, versuchte, auf den Soldaten wie auf einen Baum zu klettern, um mich zu entreißen. Wir flehten ihn an. Ich sah seine Augen ganz nah an meinem Gesicht. Etwas ganz Schreckliches sprang da in den roten Augäpfeln von einer Seite zur anderen. Seine Hand strich über meinem nackten Bauch und griff zwischen meine Schenkel. Ich hörte ihn keuchen: „Seid still, ich bringe dich nach Hause." Wir schrien: „Wir sind schon zu Hause!"

Papa sprang aus dem Hof auf die Straße hinaus. Der Soldat ließ mich auf die Erde fallen und rannte wie vom Tode bedroht fort, unser Vater hinter ihm her. Mama nahm uns heulende Würmchen in die Arme und hielt uns fest, bis Papa blass und atemlos zurückkam. Er konnte den Soldaten nicht einholen.

Zwei Tage später besuchte uns Mamas Freundin Anna Petrowna. Sie war Frauenärztin von Beruf und lebte mit ihrer erwachsenen Tochter ohne Mann in einer schönen Villa nahe der Musikschule. Sie hatte Mama bei Keschkas Geburt begleitet und uns seitdem immer wieder besucht. Auch diesmal verkroch ich mich in die Spielecke, um heimlich ihren aufregenden Geschichten zu lauschen. Und was machte meine Mutter? Sie erzählte Anna Petrowna die Geschichte mit dem Soldaten. In meinem Bauch breitete sich Kälte aus. Ich presste die Wattepüppchen in den Händen und drehte meinen Kopf zur Frauenärztin hin. Als diese meiner Mutter zuhörte, bekam sie den Gesichtsausdruck des gemeinen Soldaten. Der gleiche Funke sprang in Anna Petrownas Augenwinkel. Sie lief rot an. Ein widerliches Lächeln verzog ihre Lippen. Und die Worte meiner Mutter! Die Worte meiner Mutter rissen mir das Kleid vom Leibe. Die Worte meiner Mutter zogen mir den Schlüpfer aus. Die Worte meiner Mutter griffen mir zwischen die Schenkel. Vor allen Leuten! Vor der ganzen Welt! Das war für mich viel schlimmer als der Übergriff des Soldaten. Da empfand ich Todesangst. Nur Nata, die für mich gekämpft hatte, nahm mir einen Teil dieser Angst ab. Meine Schwester hatte mit mir gefleht, geschrien, geheult, hatte versucht, an dem Soldaten hochzuklettern … Aber meine Mutter! Meine Mutter zog mich vor aller Welt aus.

Von dieser Stunde an hörte ich auf zu sprechen.

Wie viele Tage habe ich wohl geschwiegen? Kein Flüstern, kein Schreien half mein Schweigen zu brechen. Niemandem konnte ich mehr ins Gesicht sehen. Meine Mutter verfiel in Panik. Als ich in meiner Spielecke saß, hörte ich, wie sie meinem Vater sagte: „Ira muss unbedingt zum Arzt gebracht werden, sie ist ertaubt!" Da gab ich zurück: „Ich höre alles. Ich will nicht mehr sprechen."

Schwöre!

Die Sonne trieb alle Menschen von den Straßen in ihre Häuser. Es hieß im Radio: In Bessarabien steigt die Temperatur am Tage über 40 °C. Wir durften in der Lagune baden, aber nur um sechs Uhr früh oder am Abend gegen neun, und dann mit unseren Eltern. Sonst würde unsere Haut rot und sich schälen, dann könne man sie vom Rücken und den Armen mit den Fingern abziehen. Der Sand war zu heiß, als dass man barfuß auf ihm hätte gehen können. Ich sprang immer wieder in die Höhe und landete doch wieder in der Glut. Ich weinte. Zu Hause wischte Mama die hölzernen Dielen mit einem nassen Scheuerlappen auf, stellte überall im Zimmer Wassereimer hin, hängte die Fenster mit Lappen und Laken zu, um die Sonne auszusperren. Es half nur wenig.

Das, was man in Akkerman als Brotladen bezeichnete, waren leere Regale. Wir mussten uns anders ernähren: Manchmal brachte Vater Makucha mit, zusammen mit Stroh und Erde gepresste Schalen von Sonnenblumenkernen, Abfallprodukte der Sonnenblumenöl-Herstellung: Das Öl wurde aus den Kernen gepresst, und die Reste der Schalen und Kerne wurden zu Briketts geformt. Sie dienten als Viehfutter und im Winter als Briketts für die Heizung. Im Sommer knabberten wir gern daran. Es schmeckte nach gerösteten Sonnenblumenkernen. Der Dreck machte uns nichts aus, keines von uns Kindern wurde davon krank.

Wenn Papa nicht auf Dienstreise war, ging er in ein Amtsgebäude zur Arbeit, das nicht weit von unserem Haus hinter dem Park in einem großen betonierten Hof stand. Dort waren die Verwaltung des Städtchens und die Behörde für Landwirtschaft untergebracht. Hier stand Papa in seinem Arbeitszimmer hinter einem Reißbrett und zeichnete alles ein, was er vorher auf den Feldern gemessen hatte. Das weiß ich, weil ich ihn einmal dort besucht habe. Von dieser Arbeitsstelle brachte Papa uns zweimal sogar Kinderkleidung mit, die an die Mitarbeiter verteilt wurde. Wie haben wir uns da gefreut! Einmal waren sogar Schuhe aus Stoff dabei, leider entweder zu klein oder zu groß. Papa hat sie wieder abgeben müssen. Zibulewski war dort so etwas wie ein Hausmeister. Wieder sollte ich die schwarze Tasche nehmen, um zu Zibulewski zu gehen, weil dieser Mama versprochen hatte, uns einige Kartoffeln zu geben, wenn ich sie abholen käme.

Ich ging über den trostlosen großen Hof zum Keller. Die Treppe hinunter war sehr breit und ohne Geländer. Das Gewölbe erschien mir riesig. Es lag im Halbdunkel, und es roch durchdringend nach Schimmel und nach faulen Kartoffeln. Mitten im Keller lag ein kleiner Kartoffelberg, daneben stand Zibulewski und wartete schon auf mich. Ohne ein Wort griff er nach mir und schwenkte mich durch die Luft. Auf seinem roten Gesicht quollen Augen hervor, und seine Hand griff zwischen meine nackten Schenkel. Ich schrie. Es hallte, und es hallte hinaus. Von oben her sah ich zwei große alte Schuhe mühsam unter dem Gewölbe hervortreten und die Treppe hinabkraxeln. Zibulewski ließ mich sofort auf den Kartoffelberg fallen. Unter dem Gewölbe kam eine alte Frau zum Vorschein. Zibulewski schrie sie wie ein Verrückter an: „Gib dem Kind die besten Kartoffeln!" Ergeben und schweigsam duckte sich die Greisin zu mir und half mir hoch. Ohne ein Wort steckte sie mir ein paar Kartoffeln in die schwarze Tasche.

Mit weichen Knien, den Kopf zur Erde gesenkt, schlich ich mich nach Hause. Die zehn angefaulten Kartoffeln holperten auf den harten Pflastersteinen hinter mir her.

Sie war da. Wie immer war sie da. Zu Hause. Sie saß mitten im Zimmer auf ihrem Stuhl. Sofort sah sie mir es an. Sie rief erschrocken: „Was ist mit dir, mein Kind?"

Ich ließ die Tasche sinken, rutschte vor ihr auf den Fußboden und verbarg mein Gesicht zwischen ihren warmen Schenkeln. Ich hörte Mama stöhnen. Ich verbarg mein Gesicht so lange, so lange verbarg ich mein Gesicht, bis es aus mir hervorbrach: „Schwöre, dass du niemandem, niemandem niemals davon erzählst." Sie schwor. Ich sagte: „Er hat das Gleiche getan wie der Soldat."

Sie hielt Wort.

Das Schreckliche ist ein Nimmersatt

Und die Hitzeperiode hielt an. Schneeweiß-Rosenrot, Mamas Liebling, kam uns oft besuchen. Da lachte Mama viel. Wir alle freuten uns, wenn Kostja kam, auch ohne seine goldenen Kronen. Mir gefielen seine braunen Locken, aber ich traute mich nicht, sie anzufassen. Papa hatte keine Locken. Er hatte dichte wellige schwarze Haare, die an den Schläfen weiß waren, was Mama wiederum gefiel. Sie selbst hatte mit kaum vierzig Jahren zwischen ihren blonden Haaren einige graue Strähnen bekommen. Das gefiel ihr aber nicht. Sie meinte, daran sei der Krieg schuld.

Wie macht der Krieg den Menschen graue Haare? Jetzt war der Krieg doch vorbei, aber Mamas graue Haare wurden immer mehr. Ich fragte sie, aber Mama antwortete nicht, sondern nannte mich stattdessen eine Philosophin.

Ist ein Philosoph ein Mensch, der immer fragt, aber nie eine Antwort bekommt?

Auch Papa mochte Kostja sehr. Kostja war sein bester Praktikant. Doch eines Tages in diesem so heißen Sommer kam Papa ohne Kostja nach Hause. Er kam mit einem ganz anderen Gesicht als sonst. Seine Augen lebten, aber sein Gesicht sah aus wie tot. Ich wollte gleich laut heulen, damit Papas Gesicht wieder wie früher wurde. Doch irgendwie konnte ich nicht. Papa setzte sich auf den Tapschan und schwieg. Dann sagte er leise: „Heute haben sie Kostja geholt." Kostja geholt! Es waren ganz bestimmt auch diesmal wieder jene Männer gewesen, die die kleine Lehrerin mit falschem Pass abgeholt hatten. Doch warum haben sie uns unseren Kostja weggeholt? Mama stand vorm Fenster und schaute ins Weite. Ganz, ganz still war sie. Selbst ihren Atem hörte ich nicht.

In der Nacht im Bett weinte ich ins Kissen. Später hörte ich Mama sagen: „Ein Provokateur hat einen Witz über Stalin erzählt, und Kostja hat gelacht."

„Was ist das, ein Provokateur?" Mama erklärte es mir: Ein Provokateur sagt etwas, um zu prüfen, ob du so denkst, wie es verboten ist. Wenn du denkst, wie es verboten ist, denunziert dich der Provokateur. Es ist also eine Prüfung, von der man nicht weiß, dass es eine Prüfung ist. Ich hatte es verstanden: Deswegen lehrte uns doch Mama, dass Petzen etwas ganz, ganz Schlimmes ist. Sie sagte uns, dass viele Menschen ihr Leben verlieren mussten, weil andere sie denunziert hatten. Ich hatte begriffen: Unser Kostja wurde verpetzt. Von bösen Menschen. „Lieber eine Schuld auf sich nehmen, als einen anderen Menschen anzuzeigen", das war Mamas Devise.

Der Sommer war noch nicht vorbei, da meinte Papa zu uns: „Wir müssen so schnell wie möglich fort von hier."

Weg aus Akkerman: Kischinjow!

Vater suchte anderswo Arbeit. Wie froh waren wir, als wir einen Brief von ihm bekamen. Er schrieb uns voller Begeisterung, dass er in einem landwirtschaftlichen Forschungsinstitut in Kischinjow eine gute Stelle als Diplom-Ingenieur bekommen hatte.

Kischinjow sei die Hauptstadt von Moldawien. Diese Stadt ertrinke fast in Grün und Blumen. Und überall werde Obst angeboten, und auf den Straßen sehe man die schönsten Frauen flanieren. Auch hätten die Bäcker jeden Tag Brot vorrätig. Doch sei es aussichtslos, in dieser Traumstadt eine Wohnung zu bekommen. Er habe nur eine Möglichkeit gefunden: Eine Baptisten-Familie, die am Stadtrand in einem eigenen Haus wohnte, zeigte Erbarmen mit Papa und wollte uns Obdach bieten. Also, wir sollten alles zusammenpacken und sofort herkommen. Bis zum Beginn des Winters müssten wir auf Strohmatten auf dem harten Fußboden schlafen. Vater hoffte, eine passende Unterkunft für uns zu finden, bevor es richtig kalt wird. Nata und Ljalja würden die Aufnahmeprüfung bestimmt an der Musikschule bestehen, dann würden ihnen auch wieder Instrumente ausgeliehen werden. Vor allem gab es in Kischinjow nicht nur eine gute Musikschule, sondern sogar ein Konservatorium, außerdem eine Universität, eine Philharmonie und ein Theater. Ich sollte auch auf die Musikschule.

So kamen wir mit unseren fast leeren Koffern nach Kischinjow und quartierten uns bei den Baptisten ein.

Vor dem Einschlafen, als wir alle auf Strohmatten lagen, übte Mama mit mir singen. Unsere vierjährige, schweigsame Keschka-Lolita war sich wohl ihres Talentes so sehr bewusst, dass sie mucksmäuschenstill dalag und einfach seelenruhig schlief. Aber Nata, die Cellistin, und Ljalja, die Pianistin, warteten mit Vorfreude auf diese Stunde: Wenn ich Mama die Töne nachsang, die sie mir vorgab, juchzten beide und piepsten und kreischten vor Lachen. Ein Pferd habe mir aufs Ohr getreten! Das war auch Mamas verzweifelte Meinung: Ich war aus der Art geschlagen.

Meine erste Prüfung

Dann kam der Tag der Prüfung. Mama hatte ihr schönes geblümtes Kleid angezogen, und auch uns hübsch gemacht. Jede von uns bekam eine große Schleife ins Haar. So marschierten wir alle fünf die langen Straßen entlang zur Musikschule, Ljalja, Nata, Mama, Keschka und ich. Dort standen schon die hoffnungsvollen siebenjährigen Sprösslinge im Korridor. Einzeln wurden sie aufgerufen und traten dann in ein großes Zimmer, vor die Aufnahmekommission, um ihre Eignung für die Laufbahn eines Musikers zu beweisen. Die Fenster zum Hof standen weit offen, sodass die Eltern alles, was sich in den Räumen abspielte, sehen und hören konnten.

In der Sowjetunion bekamen begabte Kinder an solchen Schulen zehn Jahre lang den allgemeinen Unterricht und zusätzlich eine musikalische Ausbildung. Danach wurden die Abiturienten je nach Talent von der Musikberufsschule oder von dem Konservatorium übernommen.

Bei mir lief es so: Hinter einem mit einem roten Tuch bedeckten Tisch saß neben vielen anderen ein kleiner rundlicher, weißhaariger Mann, Josif Dajles. Bis 1940 hatte er als Konzertmeister an der Königlich-Rumänischen Philharmonie gespielt. Jetzt unterrichtete er die Meisterschüler im Konservatorium, denn er war einer der besten Geiger Moldawiens. Wenn er aber zur Aufnahmeprüfung von uns Kindern kam, dann eigentlich nur, um sich den Spaß nicht entgehen zu lassen, diese drolligen kleinen Menschen zu erleben.

Ich war wie ein Automat: Nach verschiedenen Rhythmen klopfte ich auf den Deckel des Flügels, dann sang ich brav die mir vorgegebenen Töne nach. Plötzlich sprang Dajles auf, setzte sich an den Flügel und spielte mit großer Bravour einen bekannten Gassenhauer aus dem Milieu der Odessaer Diebe. Vielleicht hatten alle von mir erwartet, dass ich diese Melodie ohne Worte nachsinge. Ich aber legte mit dem Text los, den mir Ljalja in Akkerman heimlich beigebracht hatte. Laut und mit Inbrunst sang ich: „Papa mag den heißen Tee, Mama mag sein' Pimmel mehr."

Alle explodierten vor Lachen, nicht nur die Kommission, sondern auch draußen im Hof brüllten alle vor Begeisterung. Ich verstand nicht, warum alle auf einmal so lustig geworden waren, und war mit mir selbst sehr zufrieden: Es musste doch allen sehr gut gefallen haben.

Sofort durfte ich zur Mutter gehen. Dajles kam gleich mit mir raus. Mit schamrotem Gesicht stand Mama in ihrem geblümten Kleid im Hof der Musikschule vor ihm. Er redete ihr zu, dass er dieses Kind haben wolle. Er mache eine Ausnahme, weil er sonst keine Kinder ausbilde. Aber er werde mich bei sich zu Hause im Fach Geige unterrichten, während ich in der Musikschule alles andere lernen würde, also

Klavier, Mathematik, Physik und die anderen Fächer. Mutter wollte ihm das ausreden, das Kind sei doch nicht begabt genug dafür. Für ein solches Instrument! Sie wolle ihr Mädchen für ein leichtes Instrument anmelden, damit es gegenüber seinen musikalischen Schwestern nicht benachteiligt sei. Doch Josif Dajles ließ nicht locker. Er meinte, dass das musikalische Gehör entwicklungsfähig sei. „Vertrauen Sie mir bitte Ihr Kind an! Schon in einem Jahr werden Sie staunen …"

Bei Dajles

Ob sich meine Mutter über meine musikalische Entwicklung gewundert hat, weiß ich nicht. Bemerkt hatte ich nichts. Aber der gute Josif Dajles brachte mich nach einem Jahr in die Räume des Konservatoriums zur Prüfung. Zwei junge Männer saßen da und strahlten mit dem alten Dajles um die Wette, als ich mein Programm zu Ende gespielt hatte. Sie gaben mir die beste Note: eine Fünf. Dabei hatte ich erst vor zwölf Monaten bei Dajles meinen ersten Geigenunterricht genommen!

Ich erinnere mich an meinen ersten Weg: Zu seiner Villa führte eine steile Straße bergauf in die Oberstadt. Ich klingelte. Und dann stand ich mit einem großen Blumenstrauß, den mir meine Mutter in die Arme gedrückt hatte, im Vorraum. Rebekka, die Ehefrau von

Dajles – weißhaarig, alt und pummelig –, begutachtete mich mit ihren ernsten traurigen Augen und sagte: „So, das bist du … So siehst du also aus.“ Er hatte also nicht viel von mir erzählt!

Dajles saß in seinem Musikzimmer, mit einer ganz kleinen Geige in den Händen, die ab diesem Tag mein Instrument sein sollte. Vier Jahre lang stieg ich zweimal wöchentlich diesen Berg hinauf, jedes Mal schüchtern und staunend über seine Welt, die so ganz anders war als unser Zuhause.

Gleich nach meiner Einschulung fand Mama für uns ein Zimmer zur Untermiete, in einem schönen, in den Hang gebauten Haus mit einem Blumengarten. Schon am ersten Tag fanden wir Kinder einen Spitznamen für die Vermieterin: die Hexe. Mama hatte die Hexe angelogen. Sie hatte ihr erzählt, dass sie nur drei Kinder habe, denn sonst hätte die Vermieterin uns nicht aufgenommen. Immer, wenn die Hexe vor unserem Fenster stand, musste Keschka in Deckung gehen. Trotzdem flog der Betrug bald auf. Die Hexe stellte Mutter zur Rede. Danach wurden harte Regeln eingeführt: Das Bad mit der Innentoilette durfte nur noch unser Vater benutzen. Wir Übrigen sollten uns im Zimmer in einer Blechschüssel waschen. Kinder durften die Küche nicht betreten und keine Blumen im Garten anfassen. Als Toilette diente uns ein Plumpsklo in einem Häuschen hinter dem Komposthaufen im Garten, ganz in der hintersten Ecke. Und zum Schlafen? Papa beschaffte vier eiserne Soldatenbetten. Eines davon wurde draußen vor dem Fenster aufgestellt, denn im Zimmer war kein Platz mehr: Die Musikschule hatte uns einen Flügel geliehen, der füllte das halbe Zimmer. Im Sommer schlief Papa draußen unter freiem Himmel. Manchmal, wenn er auf Dienstreise war, durfte auch ich unter den Sternen schlafen, zu meiner großen Freude.

Mir gefiel es in dem Haus und in dem Garten. Obwohl alles seine Eigentümlichkeiten hatte: Abends zündete Mama eine Petroleumlampe an, da die Hexe uns den Strom abstellte, damit wir nicht heimlich den Elektrokocher benutzten. Das war ein schönes Licht. Doch es roch so übel im Zimmer nach Petroleum. Im Winter ging die Lampe immer wieder aus, weil wir zu wenig Sauerstoff im Raum hatten. Im Sommer war es natürlich schöner. Fast ein volles halbes Jahr blühten wunderschöne Blumen vor unserem Fenster: Oleander, Pfingstrosen, Gladiolen, Rosen in zarten Farben und zum Herbst bunte Dahlien. Oft rutschten wir den steilen Hang zur grünen saftigen Wiese hinab und hielten Lager unter schattigen Bäumen, bewaffnet mit Papier und bunten Stiften. Wir malten, während Ljalja uns immer wieder aus dem „Graf von Monte Christo“ von Dumas vorlas. Dabei gesellten sich manchmal zwei große Jungen aus Ljaljas Klasse zu uns. Hier war es schön, viel schöner als bei Dajles.

Die Fenster in seiner Villa waren klein, alles war im Halbdunkel, und er hatte auch keinen Garten. Einmal musste Dajles während unserer Stunde zu seinem Sohn Alexander eilen, der ebenfalls Dozent am Konservatorium war, und so blieb ich eine Weile mit Rebekka allein. Ihre Katze hatte gerade vier kleine blinde nasse Junge bekommen, die herzzerreißend piepsten. Rebekka kümmerte sich um die Katzenmutter, die ihr sehr leidgetan hatte. Erschöpft lag sie in ihrem Körbchen. Die Neugeborenen fand ich ziemlich hässlich. Sie sahen wie Ratten aus. Ich wollte schnell weg von ihnen. Als ich ging, war der Himmel über der Stadt unheimlich: ocker-gelb-braun, als habe jemand den ganzen Lehmboden Moldawiens in den Himmel getragen. Dabei war es seltsam still. Dann ein Donner! Und das tiefe laute Grollen nahm kein Ende mehr. Die Luft leuchtete von elektrischen Entladungen in einem grellen Gelb. Nun war alles gelb-ocker-braun: die Gasse, die Erde, der Himmel. Regen stürzte auf mich herab. Ich presste die kleine Geige an meine Brust. Die Straße hatte sich schon in einen reißenden braunen Wildbach verwandelt. Hölle! Zurück! Ich sah nur noch aufflammende Luft. Und ich schaffte es bis zu Dajles Tür, trommelte mit einer Faust dagegen und versuchte, lauter als das Donnerkrachen um Hilfe zu schreien. Bald öffnete die alte Rebekka. Sie nahm mich schweigend in die Arme, zog mich aus, wickelte mich in Handtücher, rieb mir die Füße trocken, zog mir große, weiße Wollsocken an. Danach saß ich in einem absolut dunklen Zimmer. Von draußen hörte ich nur die Donnerschläge. Einmal, zweimal, und dann war Pause. Ruhe. Auf einmal hörte ich aus den Nebenraum ganz leise die Stimme von Dajles: „Hat sie geweint?“

Wahrscheinlich empfand Dajles große Zärtlichkeit für kleine Mädchen. Das passte gar nicht zu seinem zurückhaltenden und strengen Charakter. Während des Unterrichts saß er immer vor mir auf einem Stuhl, zog mich manchmal ganz vorsichtig zwischen seine Beine und übte mit mir die richtige Haltung von Bogen und Geige. Sein Gesicht war dann ganz nahe an meinem. Mir war diese Nähe unheimlich. Aber er schaute mich mit seinen großen grauen Augen so liebevoll an, dass sich mein Herzklopfen bald legte.

Dajles spielte mit meinen kleinen Händen. Jedem meiner zehn Finger gab er einen Namen. Da war ein Tapferer, der schon bald vom Drücken auf die Saiten Dellen und Hornhaut aufwies, da war ein Ungehorsamer, der sich immer umknickte, ein Fleißiger …

Es gab Tage, da wollte er, dass ich ihm ein Gedicht aufsage. Ich trug ihm pathetisch die Gedichte von Puschkin oder Lermontov vor oder tanzte für ihn eine kokette Libelle aus den Tierfabeln von Krylow. In diesen Stunden war er glücklich. Vier Jahre blieb ich seine Schülerin.

„Vater unser" wachte immer über uns

In der Klasse hatte ich gute Freunde. Zwei Jungen und ein Mädchen mochte ich besonders gern. Auf dem Weg von der Schule nach Hause erzählte ich ihnen nach und nach alle Geschichten und Libretti, die ich in Akkerman meiner Mutter abgelauscht hatte. Da mussten unsere Mütter lange auf uns warten. Jura Kascheew und Tolja Weismann lernten Geige, Olga Kühn Klavier. Olga war außergewöhnlich begabt. Sie gab schon mit neun Jahren Solokonzerte und spielte ein Repertoire für Erwachsene. Sie wuchs ohne Vater als einziges Kind zwischen Großmutter und Mutter auf. Beide waren Pianistinnen. Schönheit und Kultiviertheit dieser jüdischen Frauen beeindruckten mich sehr. Groß, schlank, mit wunderschönen gelockten Haaren, die eine grau, die andere schwarz. Bei Olga war ich oft eingeladen und wurde verwöhnt wie ein besonderer Gast. Damals wohnte die Familie noch im Hof des Kischinjower Rundfunks in einer Erdhütte nicht weit von Dajles Villa. In einem kleinen Gemüsegarten, der zur Hütte gehörte, wurde für uns schon vor meinem Kommen zwischen den Beeten ein kleiner Kindertisch mit zwei Stühlchen aufgestellt. Dort saßen wir wie zwei Damen und wurden von Olgas Kindermädchen bedient. Nach dem Essen spielte mir meine kleine Freundin im dunklen Zimmer etwas auf dem Klavier vor. Beim Abschied bekam ich von Olgas Mama oft einen Fliederstrauß. Da musste ein Strauch neben ihrer Hütte meinetwegen manchmal leiden. Zwanzig Jahre später, als ich in Berlin lebte, habe ich erfahren, dass Olga Kühn eine gefragte Konzertpianistin geworden war und viel auf Tournee ging.

Ich war die Erste aus unserer Klasse, die zu einem Pionier vereidigt wurde, denn ich war Ende September bereits acht Jahre alt geworden. Das war eine feierliche Zeremonie. Am Morgen fand ein Appell statt. Schüler aus sieben Klassen trugen weiße Hemden mit roten Pioniertüchern, die Bessergestellten aus Seide, die Ärmeren aus Baumwolle. Im Korridor der Musikschule formierten sie sich zu einem langen Spalier. Unter Trommelschlag und Trompetenschall wurde feierlich eine rote Fahne mit goldenen Quasten nach draußen getragen. Neben diese Fahne stellte sich ein General in Paradeuniform. Er war eingeladen worden, mich zu vereidigen. Seine Tochter war eine meiner Mitschülerinnen.

Vor allen anderen musste ich mich hinstellen und den Eid in voller Länge aufsagen. Nachdem mir der General das rote Tuch um den Hals gebunden hatte, musste ich mich mit einem Bein niederknien und den Zipfel der Fahne küssen.

Ich war nur die Erste; das Ritual wurde bei allen Kindern aus meiner Klasse wiederholt, sobald sie ihren achten Geburtstag erreicht hatten. Oft in kleinen Gruppen, wenn die Geburtstage auf einen Monat fielen. Es herrschte eiserne Disziplin. Wir mussten im

Unterricht gerade sitzen, die Hände vor der Brust auf die Bank legen und durften nicht miteinander sprechen. Man las uns Geschichten über Pawlik Morosow vor, und niemand wagte es, sein fragwürdiges – wie ich heute denke – Heldentum in Zweifel zu ziehen.

Der Legende nach hatte Pawlik seinen Vater, der ein reicher Bauer, ein Kulak, war, bei den Rotarmisten angezeigt, weil dieser Korn versteckt hatte, während die Dorfbewohner hungerten. Die Rotarmisten brachten den Vater um. Doch die anderen Kulaken rächten sich dafür, indem sie Pawlik ermordeten. Das sollte uns ein Vorbild sein.

Damals hingen überall Plakate: Wachsamkeit! Wachsamkeit und nochmals Wachsamkeit!

Als wir alle Pioniere geworden waren, wurde eine Versammlung einberufen. Jetzt mussten wir für den Pionierschulrat einen Vertreter wählen. In diesem Rat trafen sich Pioniere verschiedenen Alters aus verschiedenen Klassen, um ihre Probleme zu lösen. Es gab Anhörungen zu Fällen disziplinarischer Verstöße, es ging um Sauberkeit in den Klassenräumen oder Hilfsangebote für schwache Schüler.

Sofort riefen die Kinder einstimmig meinen Namen. Eine warme Freudenwelle durchspülte mich und ließ meine Wangen glühen. Es war eine Liebeserklärung von meiner Klasse. Mit einem Lächeln nähte meine

In Kischinjow: Ich (links) mit Olga Kühn, hinter uns mit schwarzem Hut Olgas Mutter Lea, 1951.

Mutter auf meine Schuluniform drei rote Balken auf den linken Ärmel, woran zu erkennen war, dass ich wie bei der Armee einem höheren Rang angehörte.

Die Sitzungen des Pionierschulrates fanden aber immer in der Nacht statt. Weil „Vater unser" Stalin sein Politbüro zwischen Mitternacht und vier Uhr früh zusammenrief, ahmten dies alle Institutionen, Betriebe und sogar die Schulen nach.

Ein kleines neunjähriges Mädchen musste nach Unterrichtsschluss von zwei Uhr mittags bis acht Uhr abends in der Schule herumhängen. Wir wohnten sehr weit weg von der Schule, sodass es sich nicht lohnte, nach Hause zu gehen und am Abend wieder zurückzulaufen. So wurde beschlossen, dass ich zuerst in der Schule die Hausaufgaben erledigte und danach zwei Stunden Klavier übte. Ich kannte niemanden aus dem Pionierrat. So blieb ich allein im leeren Klassenzimmer. Die Schularbeiten waren schnell erledigt. Es war langweilig. Und auf dem Klavier Solfeggio zu üben war für mich eine Strafe. Ich konnte in diesem Fach der Notenlehre nicht sauber die Noten nachsingen. Inzwischen tauchten alle Gegenstände ins Grau der Dämmerung. Von überallher im Gebäude hörte man die Klänge verschiedener Instrumente. Ich legte meinen Kopf auf die Tischplatte und träumte mit offenen Augen vor mich hin: Ich war in einem hohen Turm, es war eine schwarze Nacht. Ich stand vor einem offenen Fenster und sah den glitzernden Sternenhimmel. Plötzlich begann ein Stern mir zuzuzwinkern, als ob er mir etwas sagen wollte. Aber was? Ich habe ihm auch zugezwinkert. Dann begann der Stern in Richtung meines Fensters zu fallen. Er wollte zu mir! So ein Wunder! So ein unheimliches Wunder. Es war mir so, als ob ich zugleich falle und fliege. Und immer schneller. Immer schneller. „Ira, komm in den Saal", hörte ich die Pionierleiterin rufen. Leider musste ich nun von der Bank aufstehen und in den Saal gehen. Schade, ich hätte doch so gern gewusst, wie meine Geschichte weiterging.

Pionierleiter waren politisch geschulte junge Männer und Frauen, die wie die Lehrer an Schulen angestellt waren.

Wir nahmen an einem langen, mit rotem Tuch bedeckten Tisch Platz, um die „Hooligans" zu richten, die heulend mit ihren Rotznasen nacheinander vor uns treten mussten. Die Eltern der „Hooligans" warteten im Korridor auf unser Urteil. Das Schlimmste für mich war, zusehen zu müssen, dass auch einige Mütter weinten. Wie mit einem großen Knoten verschloss es mir den Hals, und ich kämpfte selbst mit den Tränen. Einen Jungen konnte ich nicht vergessen. Das war ein feiner jüdischer Junge aus Ljaljas Klasse, der Geige spielte. Er hatte einem seiner Schulkameraden während der Pause ins Gesicht gespuckt. Es wurde vorgeschlagen, dem Jungen das

Pioniertuch abzunehmen, bis er sich besserte. Das war eine schreckliche Strafe. Über den Vorschlag wurde abgestimmt. Der Reihe nach hoben die „Richter" ihre Hand. Ich nicht. Die Leiterin schaute entsetzt auf mich. Es wurde geflüstert. Mein Name wurde laut gerufen. Ein Schreck durchfuhr mich. Ich sah alle mit erhobener Hand. Und dann – hob ich auch die meine. Ich blickte nur noch auf das rote Tuch des Tisches.

Gegen elf Uhr nachts brachte mich die Pionierleiterin im Trolleybus nach Hause, während die anderen Kinder von ihren Eltern abgeholt wurden. Ich schlief auf der ganzen Fahrt. Als ich zu Hause im Bett lag, erzählte ich Ljalja davon. Und Ljalja sagte, dass der Junge ein sehr guter Mensch sei, viel besser als der, den er bespuckt hatte. Wieder würgte mich ein großer Kloß im Hals.

Die faulen Eier und ihre Folgen. Erste Kinderliebe

Das war das erste und einzige Mal, dass ich an einer Pionierratssitzung teilnehmen konnte. Denn ich wurde schwer krank. Das lag an einer Unmenge von Eiern, die Vater nach Hause gebracht hatte. Einen Kühlschrank besaßen wir nicht. Also mussten sie im Zimmer gelagert werden. Oft waren die Eier ungenießbar. Wenn Mutter eines davon aufschlug, stank es manchmal bestialisch. Einige Eier trugen kleine Küken-Embryonen in sich. Diese kamen in den Abfall.

Mehrmals am Tag aßen wir Eier. In allen möglichen Variationen. Mir wurde übel. Ich übergab mich und lief bis in die Augäpfel grün-gelb an. Meine Leber schwoll an, bis sie sechs Finger breit unter den Rippen abtastbar war.

Ich lag im Fieber. Jeden Tag besuchte uns eine Krankenschwester. Sie spritzte mir intravenös Glukose, und unter die Haut irgendein Gift. Gleichzeitig flößte man mir gewaltsam eine dicke Masse aus Zucker und Wasser in den Mund ein. Als alle befürchteten, dass meine Leber versagen könnte, trug Mutter mich ins Krankenhaus. Auf dem Weg brach sie unter meiner Last beinahe zusammen.

Ich wurde in eine Badewanne gesetzt. Die Pflegerin schnitt mir die langen Zöpfe ab und schor mir den Kopf kahl. Man sperrte mich in einen Glaskasten. Durch das Glas konnte ich noch mehr Kästen im Saal sehen und andere Kinder hören. Dann sah ich Mutters Gesicht am Fenster kleben und sofort wieder verschwinden.

Die Fenster zum Saal lagen hoch über der Erde, und nur, wenn zwei Erwachsene Mutter hochhoben, konnte sie mich kurz sehen. Das wusste ich damals aber nicht. Zu mir hinein durfte sie nicht. Es war die Station für infektiöse Krankheiten.

Am nächsten Tag kamen drei Frauen in weißen Kitteln in meinen Glaskäfig. Auf dem Nachtschrank an meinem Bett bauten sie viele verschiedene Röhrchen auf. Dann drehte eine von ihnen mir die Arme auf den Rücken, und eine andere versuchte, sie mit einem breiten Stoffband zusammenzubinden.

„Bitte nicht!", rief ich. „Bitte nicht fesseln!"

„Du Kleine, du wirst den Schlauch herausreißen."

„Ich mache es nicht. Ich kann alles ertragen. Bitte nicht fesseln!"

Sie gaben meinem Flehen nach. Ich schluckte den Schlauch und würgte und würgte und würgte. Man legte mich auf die rechte Seite auf ein heißes Kissen. Tränen und Gallensaft liefen um die Wette. Dieser wurde in die Röhrchen geleitet. Zuerst war er rot, dann grün, dann gelb, dann durchsichtig. Dann wurde der Schlauch wieder aus mir herausgezogen. Im Mund blieb der bittere Geschmack zurück.

Wenn ich auf der Seite lag, konnte ich in einem anderen Kasten einen Jungen beobachten. Er war älter als ich. So einen Jungen hatte ich in unserer Musikschule noch nicht gesehen. So einen schönen Jungen. Ein schmales feines Gesicht. Ein schwarzer Lockenkopf. Seine Lippen waren rot und geschwollen. Die Nase auch sehr schmal und blass, wie die langen Finger seiner Hände. Damit ich den Jungen immer sehen konnte, versuchte ich meine Augen so lange wie möglich offen zu halten. An jedem Morgen suchten meine Augen als Erstes den Jungen.

„Wach auf, Junge. Schlafe nicht. Was hast du?"

„Meningitis", sagte er leise und öffnete seine übergroßen fiebrigen Augen.

Meningitis? Meningitis! Darüber hatte ich doch von Mama gehört. Eine Schwester von mir war als Baby daran gestorben, da war ich noch nicht geboren.

Nachts kraxelte ich im langen Leinenhemd aus meinem hohen Bett. Ich wollte zu dem Jungen. Ich wollte zu ihm in sein Bett. Wollte ihn mit Armen und Beinen umschlingen, wie ich es mit Nata gemacht hatte, als wir in unserem gemeinsamen Bett gefroren hatten. Das Fieber des Jungen wollte ich auf mich nehmen. Dann würde er aufwachen ... Doch die Tür meines Kastens war verschlossen. Weinen half nichts. Ich musste zurück in mein eigenes Bett klettern.

Irgendwann kam der Schlaf auch zu mir. Ich war lange fort gewesen. Irgendwo. Als ich wieder zurückkam, hörte ich Lärm. Der Glaskasten des Jungen war ausgeräumt. Leer.

So bin ich süchtig geworden. Ich habe Sucht nach dem Sehen bekommen. Als ich meine Augen öffnete, sah ich nur noch einen leeren Kasten. Schloss ich die Augen, konnte ich den Jungen wieder dort liegen sehen. Mit geschlossenen Augen legte ich Arme und Beine um mein Kissen. Dies war mein Junge mit der Meningitis. Sein Fieber ging von ihm auf mich über. Vier Monate lag ich in dem Glaskasten. Dreimal musste ich noch den Schlauch schlucken. Zweimal hat man mir den Kopf geschoren. Danach war ich fast ein halbes Jahr krank zu Hause. Erst dann durfte ich wieder zu Schule gehen.

Stalins Tod

Meine Klasse war mir schon ein Jahr voraus, und ich musste praktisch ein Jahr überspringen. Ein anderer Schüler wurde in den Pionierrat gewählt. Doch alle Kinder freuten sich über meine Rückkehr. Niemand lachte mich aus, als ich mit einer komischen Mütze die Klasse betrat. Solche Mützen zog man damals den Neugeborenen an. Das war ein Werk meiner Mutter. Sie hatte die Mütze aus einer alten Gardine genäht. Olga rief gleich laut und voller Mitleid: „Sie war so schwer krank!“, als ich noch vor der Klasse stand.

Am nächsten Tag lief ich mit meiner Geige den Berg hoch zu Josif Dajles. Gleich als Erstes zog er mir die Kappe vom Kopf, und traurig strich er mir über den kahlen Schädel. Sonst war alles wie immer. Nur musste ich zusätzlich ein zweites Instrument erlernen. Das Klavier war Pflicht.

Der Unterricht war eine Tortur. Ich mochte Eva nicht, die Lehrerin, die mir Dajles ausgesucht hatte. Ich mochte ihre krausen schwarzen Haare nicht, ihre fleischige Nase nicht, ihre dicken, kurzen, bläulichen Finger, ihre Akkorde, ihre Tonleiterübungen, ihre Etüden. Ich mochte sie nicht. Sie wollte, dass ich Versäumtes schnell nachhole, und drillte und drillte und drillte mich. Das war für mich keine Musik, das machte keinen Spaß. Ich setzte mich zu Hause nur zwei Stunden vor Unterrichtsbeginn ans Klavier und übte für Eva im Schnelldurchlauf. Vor ihrem Zimmer schlug ich ein Kreuz, und ich bekreuzigte auch die Noten, damit der liebe Gott mich nicht im Stich ließ. Das habe ich für alle Fälle gemacht, weil Mutter mir gesagt hatte, dass keiner genau wisse, ob es einen Gott gibt oder nicht.

Arme Eva. Eine jüdische Frau, allein, mit einem unehelichen Kind, das in meinem Alter war. Dajles hat beiden immer wieder geholfen. Ich wusste das, doch ich wollte es nicht verstehen, weil ich Eva einfach nicht mochte.

Vielleicht war es am 5. oder 6. März 1953.

Ich war zehn Jahre alt.

Ich stand vor Evas Zimmer in der Musikschule, habe die Noten geküsst, mich bekreuzigt und ängstlich an die Tür geklopft. Kein Laut dort drinnen. Aber am Ende des engen Korridors sah ich eine betrunkene Frau, die zwischen den Wänden hin und her schwankte, und immer wieder stehen blieb, ihr Gesicht an den Mauerputz presste. Küsste sie etwa die Wände? Sie kam näher. Dann erkannte ich sie. Es war Eva! Sie war nicht betrunken. Ihr Gesicht war nass von Tränen und verschmiert vom Putz der Mauer.

„Geh runter in den Hof!“, sagte sie.

Im Hof Menschen über Menschen, darunter auch viele Kinder. Ein Laster fuhr durch das Tor. Große Kränze wurden entladen. Blumen wurden an uns Kinder verteilt. Bald begann das Kinderorchester, den Trauermarsch von Chopin zu spielen. Alle Erwachsenen weinten, nur wir Kinder nicht.

Stalin war tot.

Langsam bewegte sich eine Prozession zum Stalindenkmal am Leninprospekt. Der ganze Vorplatz war mit Blumen bedeckt. Keiner sprach. Die Musik von Chopin drückte die Seelen nieder.

Danach ging ich nach Hause.

Ich öffnete die Tür. Vater stand in der Mitte des Zimmers, frontal zu mir. Ich sah zum ersten Mal Vaters Tränen. Ich hörte Worte, die ich noch nie zuvor gehört hatte. Lager. Zelle. Folter. Weihnachtsnacht: Vater und sein Zellengenosse knäulten Papier, tauchten es kurz in Wasser, zündeten es an. Sie hielten das brennende Papier zur Wand hin und schauten auf die Schattenbilder. Versuchten sie als Orakel zu deuten. „Du kommst bald frei", sagte der Freund zu Papa.

Ich hörte Mutters Stimme: „Glaubst du, Janko, dass die Zeiten kommen werden, dass man darüber schreiben wird?"

Bei einigen wenigen der blassen, vergilbten Fotos habe ich auf der Rückseite Notizen von Vater entdeckt, mit Ortsnamen und den Jahreszahlen 1934 und 1936. Das war die Zeit der ersten großen Terrorwelle, die von 1934 bis 1938 dauerte. Man zählte über 1,5 Millionen Verhaftete und über 750.000 Todesopfer (vgl. McLonglin. Eine Dokumentation, *hrsg. vom Großen Dokumentationsarchiv des österreichischen Widerstandes). Als 1940 der „blutrünstige Zwerg", wie das Volk Nikolaj Jeschow, den damaligen Chef der sowjetischen Geheimpolizei NKWD, nannte, von Stalin für die Massenmorde an unschuldigen Menschen allein verantwortlich erklärt und dafür hingerichtet wurde, kamen Tausende Häftlinge zunächst frei, darunter auch mein Vater. Vier Jahre hatte er zwischen 1936 und 1940 in verschiedenen Lagern verbracht.*

Ich ging wieder auf die Straße. Lager. Zelle. Folter. Ich bin zehn Jahre alt. Ich verstehe überhaupt nichts mehr. Papa war doch immer bei uns, mit uns …

Überall klebten noch große Plakate in der Stadt: Unter Lenins Fahne, von Stalin geführt, vorwärts zum Sieg des Kommunismus. So viele Menschen auf der Straße! Zwischen den Bäumen standen sie in Grüppchen. Flüstern. Angst legte sich auf sie, wie ein Kescher auf die Insekten. Sie zappelten verkrampft darin. Sie wussten nicht weiter. Viele weinten. Die Angst wollte sich auch nicht an dem kleinen Mädchen vorbeischleichen. Sie blähte sich auf und warf ihr lähmendes Netz über sie. Nun ist auch sie in ihrem Kescher. Kann ein Toter Menschen führen? Sie hatte solche Angst vor Toten. Der altvertraute widerlich-süßliche Geruch aus Akkerman war wieder da. Dem Mädchen wurde übel.

Nach ein paar Tagen trat eine allgemeine Beruhigung ein. Keiner weinte mehr. Alle gingen wie immer ihrer Arbeit nach. Und dem Mädchen ging es auch gleich wieder besser. Sie fragte ihre Eltern nicht danach, worüber sie gesprochen hatten. Warum Papa weinte. Sie hatte in ihrem kurzen Leben noch nie einen Mann weinen sehen.

In der Stadt, auf den Straßen war alles wie früher. Nur die Plakate wurden ausgetauscht. Jetzt stand dort geschrieben: Unter der Fahne von Lenin und Stalin, geführt von Malenkow, vorwärts zum Sieg des Kommunismus!

Wer ist Malenkow? Niemand wusste es.

Meine erste große Lüge

Auch in den nächsten Tagen ist die Welt nicht untergegangen. Gott war tot. Aber er sollte ewig unter uns weiterleben als ein Einbalsamierter im Mausoleum, so wie Lenin. Er war doch unser Retter im Krieg gegen Hitlerdeutschland. Das sagten alle, auch die Lehrer in der Schule. Es beruhigte mich, dass Papa da war und die Mutter da war. Und die Schwestern, die mich weiter ärgerten. Dass alle da waren. Und in unserer Musikschule ging alles weiter wie immer. Ich fand schnell wieder in den Unterricht hinein. Vielleicht hat mir das viele Lesen während meiner Krankheit dabei geholfen. Und Mathe war schon immer mein Lieblingsfach. Nachdem ich aus dem Krankenhaus entlassen worden war, übte ich auch gern zu Hause Geige. Das Klavier aber wollte ich nicht anfassen. Dajles war zufrieden mit mir. So ging ich immer mit der Note Fünf nach Hause. Doch der Klavierunterricht war die reinste Katastrophe. Ich übte kaum. Ich wollte Eva und ihr Klavier am liebsten nie wiedersehen. Eva hatte mir aus Mitleid wegen meiner schweren Krankheit keine schlechte Note gegeben und trug in meine Hefte den russischen Buchstaben „b" ein, der ähnlich wie 5 aussah, was bedeuten sollte, dass ich am Unterricht teilgenommen hatte. Als mich Josif Dajles eines Tages nach meinen Zensuren befragte, dachte ich gar nicht nach. Ich antwortete einfach: „Alle Fünf!" Doch er nahm die Hefte aus meiner Tasche und überprüfte das. Dann brüllte er mich schrecklich an. Sehr laut schrie er. Seine Frau stürzte ins Zimmer und fragte aufgeregt, was passiert sei. „Sie lügt, sie lügt, sie lügt mich an!“, schrie er zurück.

Mein Kopf glühte. Er war so schwer geworden, dieser Kopf. Ich wollte ihn heben, aber er sank nur noch tiefer. Zu Boden sank er. Ich sah nur noch meine Schuhe. Und den Boden. Der Boden war so, wie er immer war. Mit einem Teppich bedeckt. Hart und gleichgültig war dieser Boden. Er wollte mich nicht verschlingen. Er öffnete sich nicht.

Das Schamgefühl hat eine gewaltige destruktive Kraft. Du hältst den Blick des Anderen nicht aus, weil du dich darin, so wie du vorher warst, nicht wiederfindest. Nur mithilfe dieses Anderen, wenn er fähig ist zu vergeben, gibt es Rettung. Wird das Schamgefühl weiter geschürt, bleibt nur die Flucht vor dem Anderen oder Selbstverleugnung.

Das kleine Mädchen entschied sich zur Flucht. Zu Hause angekommen, weigerte es sich, weiterhin in die Musikschule zu gehen. Mutter sah sich das ein paar Tage lang an. Dann nahm sie das Mädchen bei der Hand und zog es zu Dajles. Er wollte sie beruhigen. Doch Mutter bestand hartnäckig darauf: „Dieses Kind kann ich aus gesundheitlichen Gründen nicht in der Musikschule lassen. Es muss in einer normalen Schule lernen."

Jahre später sah ich den kleinen, weißhaarigen, rundlichen Mann wieder. Er sagte mir ganz traurig: „Heute hättest du eine gute Violinistin sein können." Und ich schwieg.

Zeit des Erwachens

Die „normale" Schule war plebejisch und manchmal brutal im Vergleich zu der elitären Musikschule. Besonders schlimm war für mich der Einstieg: Weinende Lehrerinnen vor der Schultafel, fliegende Papierflugzeuge während des Unterrichts. Wir Mädchen wurden an den Zöpfen gezogen von den Jungen, die hinter uns saßen. Das hat sehr wehgetan. In den Pausen jagten sie uns durch den Schulhof, um unsere Röcke zu heben. Das war das Jahr der Koedukation. Ich ging in eine ehemalige Mädchenschule. Natürlich haben andere Schulen alle Jungen, die lernbehindert oder verhaltensgestört waren, zu uns abgeschoben. Diese Kinder schafften es gerade bis zur siebten Klasse. Dann ist große Ruhe eingekehrt.

Und um mich herum veränderte sich alles zum Besseren. Wir bekamen eine Vollkomfortwohnung mit drei Zimmern an der Hauptstraße von Kischinjow, dem Leninprospekt. Heute heißt die Straße

Stefan cel Mare 133. Das dreistöckige Haus steht noch immer. Ein L-förmiges Gebäude. Im Hof war ein kleiner Park mit einem Blumenrondell, Rabatten und Bänken, auf denen Mütter mit ihren Schützlingen den ganzen Tag hockten. Abends spielten damals oft zwei Mieter auf ihren Akkordeons. Die Frauen klatschten und tratschten.

Mein Vater musste die Familie allein ernähren. Wir liefen alle in abgetragenen Kleidern. Mutter machte jeden Monat Schulden, um uns satt zu bekommen. Aber um uns waren so viele Menschen, denen es noch schlechter ging als uns. Man hatte sich an die Armut gewöhnt. Sparbuch war ein Fremdwort. Wir kannten auch niemanden, der reisen konnte. Wir hatten keine materiellen Träume. Unsere Träume waren andere: Nata wollte Dirigentin eines großen Sinfonieorchesters werden, Keschka Tänzerin, ich schwankte zwischen dem Beruf der Dorfschullehrerin, die mit Hühnern und einer Kuh lebt, und dem Beruf der Filmschauspielerin. Dann kam etwas sehr Schönes in unsere Kindheit: Nicht weit von uns, auf der anderen Straßenseite, wurde eine große Villa in einen Pionierpalast umgewandelt. Nata, Keschka und ich gingen gleich dorthin. Keine Politbüro-Ikonen: Die Wände und die Decken waren mit Fresken im herrlichsten Marc-Chagall-Blau bemalt. Jeder Raum war anders gestaltet. Ich schrieb mich gleich für die Märchenzirkel ein, weil ich in diesem Raum viele Bilder aus den wunderbaren russischen Märchen im

Jugendstil, großflächig gemalt, bewundern konnte. Dort probten wir für die Bühne verschiedene Märcheninszenierungen. Nata wählte den Malzirkel, Keschka klassisches Ballett.

Dass dies alles eine Folge des „Tauwetters" war, die mit Chruschtschows Herrschaft begann, konnte ich als Kind nicht wissen. Noch ängstlich, noch zögernd. Doch die Vorfreude ist, wie alle sagen, die schönste Freude. Wie lange diese Atmosphäre der Befreiung von der Angst andauern würde, wusste niemand. Die Kunstszene in Kischinjow war stark. Noch heute sind einige Namen der moldawischen Künstler international bekannt. Wenn ich an unseren Pionierpalast denke, glaube ich, dass seine damaligen Gestalter durch die ihnen gegebene Schaffensfreiheit selbst wieder zu Kindern wurden. So sehr trafen sie unsere Fantasie. Für ein Kind und einen Jugendlichen sind die kreativen Zeiten die glücklichsten. Für mich war das, auf einer Bühne zu stehen, an einem Filmset vor der Kamera zu spielen und danach mich selbst auf der Leinwand verwandelt sehen zu können. Da verschwimmen die Grenzen zwischen Realität und Traum.

Im Kischinjow der Fünfzigerjahre fuhren kaum Autos durch die Straßen, fast nur Trolleybusse. Sie sahen alle strahlend neu aus mit ihren weich gepolsterten Sitzen und großen Fenstern wie die Autobusse. Oben auf dem Dach hatten sie einen Stromabnehmer, der den Draht der Oberleitung berührte.

Als ich 20 Jahre später meine Eltern in Kischinjow besuchte, fuhren die gleichen Trolleybusse den Leninprospekt entlang. Nun waren sie schrottreif.

Prächtige Linden säumten die Fußgängerwege in vier Reihen, sodass man auf dem Leninprospekt streckenweise wie in einem grünen Tunnel lief. Dazu kamen kilometerlange Blumenrabatten von Petunien und der Nachtschönheit: So nannten wir Sträucher, die bei Dämmerung ihre roten, sternenförmigen Blüten öffneten und stark dufteten.

Betrunken war ich in jenem Sommer, benommen von all diesen süßen Gerüchen, zu denen sich später noch Akazien und Linden gesellten.

„Mama, ich habe Schmerzen beim Atmen."

„Deine Brüste wachsen, das kommt davon", meinte meine Mutter.

Etwas flatterte oft in meinem Bauch, wie tausend zarte Flügel. Breitete sich bis zu den Knien aus, machte sie weich. Ein paarmal bin ich umgefallen, auch am Filmset, während der Dreharbeiten, als Kameramänner große Scheinwerfer auf mich richteten. Ein Arzt wurde gerufen. Er sagte, das ginge bald vorüber, und lächelte väterlich: „Diese Kinder des Südens!"

Plötzlich stand meine Jugend vor mir und lachte. Sie reichte meiner Seele die Hand. Die Seele stand auf und begann zu tanzen. Die Menschen, die an mir vorbeigingen, blieben stehen. Sie stießen die anderen an. „Wahrhaftig", sagten all diese anderen.

„Warum zeigen alle auf mich? Ich verstehe nicht, was sie meinen."

„Du musst es nicht verstehen", lachte meine Jugend. „Ich habe mit dir so viel Schönes vor." Und sie hielt Wort.

DDR. 1989

Mein Mann war damals schon sehr krank und verließ kaum noch das Bett. So besuchte ich allein eine Matinee des Berliner Ensembles. Ich fuhr mit der S-Bahn bis Friedrichstraße. Als ich den Bahnhof verließ, wunderte ich mich über die Leere, es waren kaum Menschen auf der Straße. Kein einziger Polizist war zu sehen. Ein paar Monate zuvor, als Volker Braun und Heiner Müller um elf Uhr früh im Deutschen Theater lasen, war dort Polizei, Polizei, Polizei – überall. Polizei vor dem Bahnhof, Polizei auf dem Weg zum Theater, Polizei auf dem Vorplatz. Dreimal war ich angehalten worden, um meinen Ausweis vorzuzeigen. Dann stand ich endlich vor der Kasse. Eine junge Mitarbeiterin des Deutschen Theaters, die meinem Mann zu jeder Premiere Einladungskarten schickte, gab mir eine Theaterkarte. Als ich mein Portemonnaie aus der Tasche zog, wurde sie weiß im Gesicht und flüsterte: „Um Himmels willen, gehen Sie sofort weiter!" Dann saß ich im Parkett dritte Reihe und hörte Heiner Müller aus „Der Findling" lesen. 1988 hatte ich „Die Schlacht. Wolokolamsker Chaussee" gekauft. Den Text, den Heiner Müller aus „Der Findling" las, hatte er etwas überarbeitet. Von der Bühne schallten Worte einer großen Anklage. Der Sohn sagte zu seinem Vater: „Welche Fragen hast du mir beantwortet? Du hast dich immer hinter deinem ‚Neuen Deutschland' versteckt … Wie eine blutige

Nabelschnur hast du mir das rote Tuch um den Hals gebunden."

Nun ging ich wieder zu einer Matinee, aber dieses Mal durch die menschenleeren Straßen, vom S-Bahnhof Friedrichstraße bis zum Berliner Ensemble. Es lag etwas Seltsames in der Luft. Spannung. Wie vor einem Gewitter. Der Saal war voll. Auf der Bühne saßen viele bekannte Schauspieler, und eine Frau begann aus Susanne Leonhards bis dahin in der sozialistischen Welt verbotenem Buch „Gestohlenes Leben" zu lesen.

1936 wurde diese außergewöhnliche Frau, die als Naziverfolgte nach Moskau emigriert war, dort verhaftet und bis 1948 in der Hölle mehrerer Gulag-Lager gefangen gehalten. Susanne Leonhard beschrieb ausführlich ihr erstes Verhör, bei dem man ihr die Protokolle aller ihrer Gespräche mit einem ebenfalls deutschen Emigranten vorlas. Dieser kam 1932 nach Moskau und leitete dort ein Filmstudio. „Alle Themen, die jemals Gegenstand unserer Diskussionen gewesen waren: militärische Jugenderziehung, Heroenkult … Machthunger Stalins, fiktive Verfassung, Knechtung der freien Meinungsäußerung … – alles, alles, jedes Gespräch war ausführlich niedergeschrieben …", heißt es bei Susanne Leonhard.

Dieser Emigrant kehrte 1948 nach Berlin zurück und gehörte bald zur DDR-Prominenz. Er war unter anderem ZK-Mitglied der SED und Vize-

präsident der Akademie der Künste in Ostberlin. Er starb 1978. Ein paar Jahre vor seinem Tod schickte er meinem Mann zum Geburtstag einen Bildband über den naiven georgischen Maler Niko Pirosmani mit der Widmung: „Auch Deine Zeit wird kommen, lieber Freund…" Ich habe mich damals über sein Geschenk gefreut. Mein Mann war ein Expressionist. Zwischen 1932 und 1945 schuf er in Deutschland ein Werk, das mich an Los Caprichos von Francisco de Goya erinnert. Bilder voller Schmerz und Entsetzen. Bilder wie ein Schrei der Seele. Deswegen betrachtete ich diese Widmung als Hoffnung für die Moderne in der sozialistischen Welt.

Von der Bühne des Berliner Ensembles zerstörten die Worte von Susanne Leonhard das Gesicht dieses Prominenten. Und auf einmal zog die Gestalt der kleinen Lehrerin aus Akkerman an mir vorbei. Ich sah sie wieder mit gebeugtem Rücken, auf dem sie ihre gefalteten Hände hielt, den Blick auf den Boden gerichtet, abgeführt von Männern in Zivil … Und ich hörte den Lockenkopf Kostja … lachen.

Mit den anderen Zuschauern verließ ich das Theater. Beklemmende Stille. Man hörte kein Wort. Mir war, als ob auch mein Wollkleid, wie das von Susanne Leonhard, nach Blut roch. Diesen Geruch wollte ich an der Berliner Luft loswerden. Ich kam nicht weit.

Die Trauer wog wie Blei. Sie machte das Herz schwer. Sie klebte an meinen Sohlen. Ich musste mich setzen. Eine Straßenbahn kam. Ich stieg ein und nahm einen Fensterplatz. Die Straßen waren leer. Fast leer war auch die Bahn. Nur ein paar Leute saßen schweigend da. Der Wagen ruckte. Und der Strom der Straße aus grauen trostlosen Berliner Häusern schwamm an meinem Fenster vorüber. Der Stachel der Erinnerung an meine Kindheit bohrte in meinen Schläfen. Aldan. Al-dan. Ba-daj-bo. Ba – daj – bo. Ulan – Ude … Ude … Ude. Gulag … Gu-lag … Gu-lag.

Auf einmal sah ich durch die Scheibe Bäume. Bäume. Bäume. Taiga. Burjat-Mongolei. Taiga. Taiga. Taiga …

Was bewegt sich dort zwischen den Bäumen? Menschen. Das sind Menschen. So grau wie die Baumstämme. Sie schwanken. Sie sind erschöpft in der Kälte von minus 50 Grad. Von Hunger. Von Folter. Viele sind es. Viele. Viel zu viele. Nach einer Reihe zeigte sich die nächste Reihe, getrieben von bewaffneten Reitern. Meine Mama sitzt hoch auf einem Baum. Ein gekaufter Aufseher hat ihr geholfen, auf diesen Baum zu steigen. Dieser Mann hat ihr auch die Stelle verraten, von der aus mein Vater und Onkel Kolja von einem Lager zum anderen ge-

trieben werden sollten. Mama fiebert in der Kälte. Ihre Augen suchen verzweifelt nach Janko. Sie sieht Vater nicht. Auch ihren Bruder nicht. Die Gefangenen gleichen sich. Ähneln kaum noch Menschen – eher schwankenden, schmutzigen Lumpen im beißenden Wind. Verzweifelt schreit sie in den Wind: „Janko! Janko!" Das Echo verlängert ihre Schreie. Da beginnen die Gefangenen in Panik zu rufen: „Grüßen Sie meine Frau! Sagen Sie ihr, dass ich noch lebe …" – Botschaften zu niemandem und ins Nirgendwo. Die Reiter schießen in die Luft. Papa schafft es lebend ins nächste Lager. Onkel Kolja verschwindet für immer. Wurde er angeschossen? Oder fiel er zu Boden und erfror?

Nach Stalins Tod erzählte mir Vater, er habe Mutters Schreie gehört. Er habe ihre Stimme erkannt, aber er konnte sie nicht sehen.

Die Großmutter erwartete meine Mutter in einem Blockhaus in Badajbo. Dort wartete mit Oma auf sie der kleine Vitalij und – ein totes Baby. Meine Schwester Marina war erst vor wenigen Monaten geboren, aber Mama wollte ihren Janko noch einmal sehen … Großmutter hatte vergeblich versucht, den Säugling in ihrer Abwesenheit künstlich zu ernähren.

Millionen unschuldiger Menschenleben wurden im Namen einer schönen Utopie ausgelöscht. Millionen unschuldiger verwaister Menschen schufteten auch nach dem Zweiten Weltkrieg für Hungerlöhne ihr ganzes Leben. Immer in der Hoffnung, ihr Opfer möge sich eines Tages bei ihren Enkeln auszahlen. Immer im Namen der schönen Utopie. Nun liegt diese Utopie in Scherben. Zerstreut über die halbe Erdkugel. Und wieder denke ich an meine Kindheit, die Heimito von Doderer mit dem Eimer über dem Kopf eines Kindes verglichen hatte. Und ich spüre, wie der Inhalt des Eimers immer noch an mir herniederrinnt. Dafür, dass ich jetzt begreife, was darin war, bin ich meinem Leben dankbar.

Blockhaus in Badajbo, ca. 1935

IRINA MAGRITZ geborene Shitnik

wurde während der deutschen Besatzung 1942 in der Ukraine geboren. Sechs Jahre Studium an der Leningrader (heute St. Petersburger) Hochschule für Filmtechnik schloss sie mit Dipl.-Ing. ab. 1966 folgte sie ihrem Ehemann nach Ostberlin. 25 Jahre arbeitete sie am Forschungsinstitut für Nachrichtentechnik und Mikroelektronik, darauf folgten zehn Jahre Tätigkeit im öffentlichen Dienst mit dreijährigem berufsbegleitendem Studium der Sozialpädagogik.

Irina Magritz schreibt Prosa. Ihr Essay „Wenn ein Mensch nur 13 Jahre lebt …?“ befindet sich im Archiv der Stanford University unter dem Nachlass von Prof. Leonid Stolowitsch. 2016 ist Irina Magritz Herausgeberin der frühen Gedichte von Max Barthel unter dem Titel „Im Sturm der frühen Jahre“.

Sie ist Mitglied der Gesellschaft für neue Literatur (GNL) in Berlin, Mitglied der Internationalen Gesellschaft für Tiefenpsychologie (IGT, München) und nahm sieben Jahre an Philosophischen Reisen unter Leitung von Dr. Peter Vollbrecht (Philosophisches Forum Esslingen) teil.

DANKSAGUNG

Ohne die beherzte Ermutigung und Unterstützung von Freunden, Autoren wie auch das kenntnisreiche Lektorat wäre dieses Buch immer nur ein Skript geblieben. Mein Dank gilt daher Dr. Klaus Berndl und Claudia Haarmann, Daniel Klaus sowie Dr. Dorothée Bauerle-Willert und Rainer Willert.

IMPRESSUM

Bildnachweis:

Titelcollage	Privatfoto: Irina Magritz; Altstadtgasse Akkerman: Nikolaus Wilhelm-Stempin / Alamy Stock Photo
Seite 13	Nina N. Watolina (1915–2002) НЕ БОЛТАЙ! (Kein Geschwätz!) Plakat, Gouache, 1941
andere Fotos	Privat

Gesamtherstellung: PBtisk a.s., Příbram, Czech Republic

ISBN 978-3-9820163-1-3